引爆

互联网营销

解密互联网时代的营销新思维

石泽杰◎著

知识产权出版社

全国百佳图书出版单位

图书在版编目（CIP）数据

引爆互联网营销 / 石泽杰著. —北京：知识产权出版社，2018.7
ISBN 978-7-5130-5543-7

Ⅰ. ①引… Ⅱ. ①石… Ⅲ. ①网络营销
Ⅳ. ①F713.365.2

中国版本图书馆 CIP 数据核字（2018）第 084916 号

内容提要

互联网时代，传统的营销手段已经接近失效，整个市场都在被颠覆，互联网正在重塑企业的市场营销。本书以此立意，从互联网营销的"思维创新""体系创新""策略创新"三个层面，递进式讲解如何在互联网时代进行营销创新。本书逻辑清晰，案例丰富，滴滴、京东、小米、江小白、三只松鼠、盒马生鲜等这些借助互联网思维而野蛮生长的企业都在分析之列。

责任编辑：杨晓红　　　　　　　　　　　　责任印制：刘译文
封面设计：柏拉图创意设计

引爆互联网营销

石泽杰　著

出版发行：知识产权出版社有限责任公司		网　　址：http://www.ipph.cn	
社　　址：北京市海淀区气象路 50 号院		邮　　编：100081	
责编电话：010-82000860 转 8114		责编邮箱：1152436274@qq.com	
发行电话：010-82000860 转 8101/8102		发行传真：010-82000893/82005070/82000270	
印　　刷：三河市国英印务有限公司		经　　销：各大网上书店、新华书店及相关专业书店	
开　　本：787mm×1092mm　1/16		印　　张：15.5	
版　　次：2018 年 7 月第 1 版		印　　次：2018 年 7 月第 1 次印刷	
字　　数：300 千字		定　　价：49.00 元	

ISBN 978-7-5130-5543-7

出版权专有　侵权必究

如有印装质量问题，本社负责调换。

市场大颠覆

随着科技的迅猛发展，互联网已经"侵蚀"了各行各业，所有企业都面临着前所未有的变化。

企业的商业模式、发展战略、组织管理、市场营销都已经进入了一个大颠覆的时代，传统的经营策略开始逐渐失效，创新成为企业在未来赖以生存的法宝。

随着消费者的需求呈现多样化、立体化、系统化，企业必须不断突破自身局限，掌握创新思维，才能在市场上保持鲜活的竞争力。因此，我们所处的市场正在星星点点创新的火种里，爆发着燎原之势的颠覆。

以往的市场竞争中，谁的产品能比其他产品做到"更"（"更质优、更便宜、更便捷、更……"），谁就能在竞争中脱颖而出，而如今的竞争态势，像"更"产品这种基础创新，已经很难满足市场的需求，越来越多的成功企业都诞生于新兴领域和与互联网相关的行业，这些企业的成功模式都是前所未闻的。

颠覆迫使我们摒弃一切细枝末节，在粉身碎骨之后再去寻找新天地，所有的行业和市场都在被颠覆，我们再也无法进入一个可以寻找的有规律的行业里。

首先，市场的边界在逐渐消失。信息的高度畅通，让行业与行业之间的界限变得模糊。

苹果公司以电脑起家，却通过智能手机与操作系统被消费者熟知。

谷歌公司作为世界上最大的搜索引擎公司，却创造了举世瞩目的广告奇迹。

如今，又开始拓展无人驾驶汽车、操作系统等互联网科技领域。

在以往的市场中，专注是企业成功的铁则，但随着互联网的渗透，行业与行业之间在不断被拉近，甚至开始交融，如果仍旧保留固有的边界思维，认为其他行业与自身企业无关，最终将会被无形的竞争者所颠覆。

接着，市场的变化瞬息万变。信息大爆炸时代，所有人都如同宇宙黑洞一般，贪婪地吸收着外界的信息，同时，这些繁杂的信息培养了消费者变化多端的需求。

截至 2017 年，微信上线 7 年时间，日登录用户达到 8.89 亿；今日头条上线五年，日活跃用户达到 1.4 亿。

试问，传统企业要经过多长时间的积累才能达到如此巨大的体量？在我们惊愕于这些互联网公司的发展速度时，它们的产品和服务在不断地发生改变，完全围绕用户的需求，不断优化用户体验感。

最后，市场越来越难以控制。1960 年，杰瑞·麦卡锡（Jerry McCarthy）教授在其《营销学》中提出 4P 理论。此理论一直是所有市场营销活动的指南针。但随着市场进入了颠覆式发展的新阶段，传统的营销理论除了能给予适当的理论支撑，已经很难产生具有落地价值的指导了。

由此不难看出，我们身处一个复杂且变幻莫测的市场，这个市场充满了各种各样的可能性。

那么，我们真的无计可施吗？其实并不然，企业若想顺应时代的潮流，继续在恶劣的环境中保持强大的竞争力，就需要贯穿企业经营全价值链的颠覆式创新，从生产、研发与消费市场综合角度来进行突破。

例如：小米公司，截至 2017 年总市值高达 460 亿人民币，毫无争议地成为中国互联网公司前十强。关于小米的"颠覆论"也不绝于耳。

那么小米究竟颠覆了什么？那就是小米用创新的营销模式，颠覆了传统的营销模式。在小米品牌的营销中，从不进行大规模广告投入，只钟情于与客户的交流沟通。

小米的董事长雷军先生深知互联网时代以用户为中心的特性，所有产品的设计、研发与品牌传播，无一不是借助互联网粉丝的力量向前推进的。

小米通过用户体验的最大化，将小米产品的品牌认知度提升到空前高度，再通过用户体验的良好口碑，继续推出满足市场需求的产品和品牌，采取饥饿营销模式，使消费者的忠诚度迅速提升。

随着小米手机不断创造奇迹，传统手机行业岌岌可危，许多企业意识到，市场大颠覆时代已经来临，如不进行彻底的创新，终将被淘汰。

时代的发展，使颠覆在所难免，整个市场都在为之震颤，随着创新程度不断加深，竞争日益加剧，企业以往依靠产品和技术创新以及市场细分所带来的利润，正在逐步被蚕食，那些遍布全球工厂以及遍布线下渠道产品的企业，曾经依靠人、广告以及品牌来获胜的时代已经渐行渐远。

重新定义营销

时代在变迁，社会在进步，尤其是在互联网疯狂发展的今天，传统的营销手段显得越来越乏力，市场需求的更新迭代，迫使企业突破固有的思维局限，开始思考未来的营销模式。

滴滴、京东、小米、江小白等这些借助互联网思维而野蛮生长的企业，如同核聚变反应般颠覆着整个市场。

如此震撼的现实摆在我们面前，让我们不得不重新审视以往营销的模式和策略，是否还能支撑我们去面对局面复杂、竞争激烈、险象环生的市场环境。

如果这些能够引起你的共鸣，那么，这本书绝对能给予迷茫的你一臂之力，本书从"思维创新""体系创新""策略创新"三个层面，递进式讲解如何在互联网时代进行营销创新，而这一切都需要利用互联网的思维，以创造、实现、传递客户价值为核心，构建符合时代趋势的营销逻辑，同时善于借助互联网高新科技，才能在"营销无所不用其极"的竞争环境中脱颖而出。

注重思维创新，是企业在互联网时代要做好营销的首要条件。

小米仅用七年时间，从一家名不见经传的小公司，发展成为估值几百亿美元，员工上万名，包括手机、电脑、电视、投影仪等多条产品线的新型公司。统计显示，小米手机在国际智能手机市场上的占有率排名前五，紧追苹果、三星、华为这些知名企业。人们对小米的目光，由不屑到惊讶，再到不解最后是推崇，小米似乎已经成为这个时代的标签，而小米创始人雷军也被奉为乔布斯式的传奇人物。

这令人瞠目结舌的壮举是如何实现的呢？在高端智能移动设备泛滥的手机市场，如果小米还保留固有的营销思维，无疑会被激烈的市场竞争所淘汰，当年的手机霸主诺基亚从神坛跌落谷底历时还不够 5 年时间，更别提在市场上毫无知名度的小米了，这其中的奥秘就在于小米营销思维的创新。

首先，小米将全部精力集中在为客户提供更好的产品和服务，以客户为中心，积极运作粉丝营销，米粉是推动小米公司发展的重要力量。小米手机在开发、生产、销售及售后服务中都充分发挥了粉丝的作用，做到了充分尊重粉丝的意见反馈，和粉丝交朋友并发挥粉丝营销的巨大作用。

其次，小米摒弃传统的营销渠道，采用精准的广告投放和社群粉丝营销模式，通过简单粗暴的手段，将米粉牢牢粘贴在"小米"周围，取消浪费能量的中间环节，实现用户与产品的零距离对接。

最后，小米以"真诚、热情"作为企业的核心价值观，真诚就是踏踏实实用真材实料做品质过硬、价格厚道的产品，和粉丝做朋友，用心倾听用户需求；热爱就是聚拢一批追求极致产品的兄弟姐妹，大家做自己喜欢的事情，咬定青山不放松、千难万险不回头，享受创业乐趣。在这个价值观的驱动下，小米建立了以手机为核心的整条生态产业链，并延伸到了客户生活中的各个方面。

小米的成功告诉我们，互联网正在重塑企业的市场营销，因循守旧难逃被淘汰的命运。

既然传统的营销手段已经接近失效，是不是我们的营销已经无章可循了呢？答案当然是否定的，如果你能够了解互联网时代的竞争特性，重塑营销优势的思维创新方式，培养创新的营销思维，拒绝拘泥于守旧的营销模式，你的企业一定会在未来有所作为。

但是，仅仅拥有营销的创新思维还不够，整个社会从宏观环境到企业经营模式再到消费者行为方式等都已经发生了深刻的变化。在这样的背景下，许多企业家开始意识到，企业营销已经不再是过去单纯的4P（产品Product、价格Price、渠道Place、促销Promotion）理论应用，而是彼此的交叉运用、综合化的营销模式创新。

2017年，腾讯的独播网剧《那年花开月正圆》作为腾讯年度大剧，在电视台和网络平台上的播放量都强势领先。《那年花开月正圆》的火爆不仅为电视剧的明星们吸引了巨量的粉丝，同时也为网剧的投资方腾讯视频带来上千万的会员群体和30多亿的会员收入。

为什么会产生这样的现象呢？

我们都知道，传统的电视剧营收主要有两个渠道：版权收入和广告收入。

但在互联网时代，玩法发生了改变，电视剧不再只靠版权和广告收入，还增加了流量收入和衍生品收入。

《那年花开月正圆》除了把版权卖给了江苏卫视和东方卫视以及收取相应的广告费用外，还通过在腾讯视频上播放吸引巨量的用户流量，而这些流量又为腾讯视频催生了大量的会员。

腾讯视频单单依靠会员产生的收入就高达30亿元，远超过不到10亿元的版权和广告收入。

腾讯公司副总裁孙忠怀曾表示：随着视频网站的会员付费规模渐达到一定基数，精良制作、高口碑、高流量的精品化内容将成为各视频网站的核心竞争力。

优质的内容背后，不仅仅是强劲的拉新和吸粉力，更体现了视频网站的品牌影响力。

当今市场已经从增量时代进入存量时代，信息技术的蓬勃发展和物质前所未有的丰盈，为消费者提供了广阔的选择空间。

　　因此，重新定义营销的本质，重新定义产品、服务、渠道与企业的价值，创造新的市场空间，打造全新的营销价值链，实现营销模式创新，是企业未来实现价值倍增的必经之路。

　　消费者的浅层次需求已经得到充分甚至是过分的满足，在此基础上，企业是否有挖掘客户深层次需求的思维与能力呢？

　　最后，特别感谢我的几位同事，他们分别是曹刘霞、赵国伟、刘少轩、王召飞、项盟和李江舟，他们对本书成稿做出了巨大贡献。

第一部分
互联网营销思维创新

第三部分
互联网营销策略创新

第一部分

互联网营销
思维创新

01

互联网正在重构
企业的市场营销

在互联网时代，企业面临的市场竞争发生了巨大的变化。传统的营销理念和模式不断被颠覆，企业面临的市场竞争更加激烈，企业继续采用传统的营销模式进行市场竞争越来越困难。在这样的背景下，进行"互联网营销创新"是企业市场竞争中取得胜利的唯一出路。

我们知道市场营销是所有企业赖以生存的根基，良好的市场营销已经成为企业成功的必备条件。任何一家企业的问世，可以没有完善的管理体制，但是不能没有有效的营销策略。企业从问世的那天起，营销就随之而来。构建系统的营销模式、提升市场竞争能力、赢得顾客是全球化时代中国企业首先要解决的基本内功。但在进行"互联网营销创新"之前，我们首先应该对当前互联网时代的市场环境的变化有一个充分认识。

第一节　从增量市场到存量市场

当今时代是一个信息便捷、技术发达和经济飞速发展的时代。企业生存环境已从过去单纯的单一市场进入一个立体交叉、网状结构的复杂环境。企业的竞争变得繁杂多样不受控制，决策难度越来越大，企业每天都在如履薄冰地面对自己的市场和客户,稍有不慎就会万劫不复,**马云曾说过"企业倒闭的时刻就在下一刻"就是这个道理。**

企业的生存已经不像过去那么容易,每天都有大量企业出现,又有无数企业倒闭。

企业生命周期大大缩短的关键原因就是无法及时认清市场环境的变换,导致公司战略无法及时更新,从而造成最终的失败。

当下中国,几乎各行各业都在发生显著的变化,不是"黄金时代"向"白银时代"的变化,而是**"增量时代"向"存量时代"的转变,这是主赛道的改变,是一种更深刻、更根本的转换。**

一家企业现有客户可以称为存量用户,通过公司的市场营销行为让潜在客户转化的客户可以称为增量用户。**德鲁克曾说过"留住老客户,发展新客户"是企业的经营目标,意思就是企业对存量市场和增量市场都要照顾。**

我们知道,增量市场主要通过营销和销售来获取客户,其成果体现在市场份额的增加上;而存量市场主要围绕现有客户展开维护工作,以提升顾客满意度为目标,以提升客户客单价为成果。当前,电信、银行、IT、消费电子等行业都已经逐步进入了存量市场阶段。

它们的共同特征包含以下几点:

市场基数大:庞大的用户基数和不断增长的人均消费能力,共同哺育出巨大的市场容量。

产品渗透率高:从用到不用,人群中的用户占比越来越高,新用户的开发难度不断增大。

消费升级快:用户从不花钱到多花钱,客单价越来越高。

市场份额大:通过品牌定位、产品组合、市场细分运作等综合手段,占领各个市场,获取其他品牌的市场份额,最终成为业内的绝对主体。

总的来说,存量市场和增量市场是企业的左右腿,一个企业的健康成

长需要在增量市场上攻城拔寨，但更要经营好存量用户。

举个例子。

在 20 世纪，报纸的用户数量相对稳定，即便用户总量在持续增加，但只要不发生人口颠覆之类的状况，市场比例是相对稳定的，整个报纸行业面对的就是一个存量市场。

但随着手机市场的兴起，通过手机 APP 看报纸的人数迅猛增加，且已比看报纸的人还要多得多，人们逐渐转变为用手机来看新闻。这时对于仅有的几家手机新闻供应商而言，他们面临的就是一个增量市场。另外，随着手机看报的用户逐渐趋于饱和，而新的新闻业态尚未出现，这些手机新闻供应商面临的市场逐渐转化为存量市场，存量用户的深入开发成为手机供应商们的业务运营目标。

第二节　细分市场、差异化竞争已经 "失灵"

21世纪，全球经济飞速发展，商品极度丰富，高科技产品充斥人们的周围，网络技术的发展使人们获取信息的成本越来越低，**消费者已从"无可选择"的时代转化到今天"无从选择"的时代。**

我们生活的今天，产品过剩，顾客需求满足极为容易，企业唯有降低顾客的购买成本才能获得竞争优势。但人性是贪婪的，**顾客追求的永远是性价比高的东西，这导致企业的竞争陷入了同质化和价格战的僵局。**

随着近年来经济日新月异的发展，**人们发现细分市场进行差异化竞争的方法有时候变得失灵了：任凭市场如何细分，产品或服务如何差异化，人们还是记不住你的产品，也不买你的账。**

产生这样的结果并不是顾客的原因，而是经济发展与市场竞争导致的。这是社会进步的必然现象。

物资匮乏时代，供小于求，企业只要有一个差异化的概念，顾客便能记住和购买。**可如今时过境迁，商业环境发生了翻天覆地的变化，仿佛一夜之间我们便掉进了一个商品的海洋。**繁杂的商品正一层一层地包裹着我们，在同一市场里，相同类型或者相同功能的产品有时会多达上千种。

海飞丝最先运用差异化策略提出了洗发水可以"去头屑"。可如今去头屑的洗发水涌现出了一大批：联合利华推出了"持久去屑"的清扬产品，并将其分为男士用和女士用两种类型；云南白药生产的养元青；滇虹药业生产的康王；霸王生产的追风；还有不怎么知名的卡诗、娜莎迪等，都宣称自己是去头屑的最佳产品。海飞丝的代言人是蔡依林，清扬的代言人是小S，在品牌形象上也几乎接近。

我们再来关注一下饮料行业。如果你在超市里，你会发现饮料区产品琳琅满目、各种各样，但是在口感、味道甚至配方上基本相同，消费者很难进行区分。

经济发展的结果就是物质的极度丰饶。中国改革开放四十年的发展，使得同类产品竞争激增。一个普通的大型超市大约拥有 5 万种商品，其实一个顾客只需要不到 200 种商品就能满足日常生活，这预示着超过 99.6％的产品被忽略了。过去企业为主导的卖方市场完全转化为今天顾客为主导的买方市场。

全球化的今天，企业竞争的市场无限放大，这意味着新产品一旦问世就马上面临着全世界产品的竞争。

面对顾客的有限需求，每天却有着无数的产品种类在不停地涌现。激烈的竞争使得产品生命周期大大缩短，新产品的更新速度也着实惊人，手机、电脑、服装等大众消费品的技术、款式每天都在不停地变换，很少有人用一部手机用到两年，也没人把一件衣服让哥哥穿完弟弟再穿，更没人把一台电视机代代相传。

竞争越激烈，市场细分也就愈加疯狂，即使**企业细分出再微小的市场，都存在着众多的企业在虎视眈眈地望着你。**

今天我们已经没有了空白市场，过度的市场细分已经使得企业无处可去。

第三节　定位理论已经 "失效"

杰克·特劳特的定位理论丰富了企业差异化竞争的理念，其核心思想是在顾客心智中实现差异化，从而产生认知优势。企业若想在竞争中胜出，企业的产品或服务必须在顾客心目中有一个独特的定位，**只有与顾客产生共鸣的定位才能让顾客记住并产生购买行为。**

企业与企业之间的竞争已经不仅在于争夺市场地域与市场空间，更重要的是在争夺顾客的心智资源。

在顾客的头脑里给产品定位、确保产品在顾客头脑里占据一个真正有价值地位的做法，给予了企业市场竞争有效的指导。

可口可乐定位于"正宗的可乐""美国精神的代表"；百事可乐定位于"新一代的选择"、让你"渴望无限"，都是差异化定位的成功范例。

可信息泛滥的今天，不仅让人提出疑问，面对成千上万的产品，企业究竟有多少个独特概念可以让顾客认知？顾客的心智究竟有多少空间可以被占领？

统计发现，生活在大中城市里的人平均每人每天能够接收到 1000 个以上的广告信息，如果在 7 秒钟内，产品信息还不能使顾客产生兴趣，那么企业的广告花费就算浪费了。

顾客的记忆也是有限的，心理专家测试每个人最多只能记住 7 个品牌名称，对于不感兴趣的，最多也就 1~2 个。人们只记得世界最高峰是珠穆朗玛峰，但第二高峰是什么你知道吗？

即便企业创造出了一个独特的概念定位于顾客的心智，但巨额的广告成本也不是任何一个企业能承担得起的。

中央电视台一套节目黄金时间 5 秒钟的广告刊例价超过了 12 万元，15 秒的刊例价超过了 24 万。

试问：企业有多少钱来传播你的定位？

即便企业有着雄厚的资金来进行传播，笔者敢断言，**产品的广告在信**

息的海洋里也会被迅速淹没。大街上，公交车站、公共汽车、店铺、报纸、杂志都成了广告传播的载体，广告信息令人应接不暇。信息时代，网络、手机等电子媒体层出不穷，使得广告信息无孔不入。每个家庭电视拥有 100 个以上的频道，每天晚上 7 点至 12 点的 5 个小时里，人们能收看到的电视频道和节目却不超过 10 个，广告信息即使传递出去，能否被顾客注意到就不言自明了。

商品"**泛滥**"造就了顾客选择"**过度**"。心理专家卡罗尔·穆格博士说："**可以立即得到太多的选择，让人们不再关注和思考，变得如同肥鹅一样肥胖和疲惫，并丧失决策的能力……人们退却并麻木于过度刺激，他们厌倦了。**"

技术高度发达的今天，模仿也已经没有了壁垒，企业创造出的新产品和新概念，过不了两个月，跟随者便紧随其后，蜂拥而至。

老的企业保持住自己的优势已经非常困难，新生的企业想要立足又谈何容易？

在此状况下，企业不得不再次降低价格以求生存，结果又使得企业进入微利乃至无利可图的境地。

因此，不得不说**人人学会市场细分便无市场可分，人人学会定位便无位置可定。**

第四节　消费者发生了变化

直播平台的兴起让所有人都意想不到，一个个直播平台造就无数的大小网红，一时间辞职搞直播成网红，成为大家讨论的话题。在各个网红直播间里，网红的好坏完全由买方市场来决定，哪个网红得到的支持多，那么他/她就能获得更高的收入和名声。

网红的制造只是市场进入"消费者主权"时代的冰山一角，在当今无论是资源供给还是渠道都过剩的情况下，市场的主动权已经悄然向买方转移。

例如，宝洁作为一个百年历史的超级品牌，旗下的日化产品近几年经历了不可避免的下滑和衰退，这个遭遇的背后就是工业时代典型的"大生产＋大零售＋大渠道＋大品牌＋大物流"模式的落寞，传统的营销模式已经过去，买方市场的消费者主权时代已经到来。

京东CEO刘强东曾提出一个观点：在技术更新和消费者主权时代的驱动下，国内市场将迎来第四次零售革命。在当今移动互联网时代，消费者的个性和自我意识得到极大的强化，**对于产品、服务、消费场景和体验提出了新的要求。**刘强东用了3个P来概括这些变化：需求个性化（Personalized）、场景多元化（Pluralistic）、价值参与化（Participative）。

现如今，消费者期望的不再是低价和便捷，而是个性张扬和自我价值的表达。在大工业时代，消费者处于相对弱势的地位，但在当下的市场环境中，消费者逐渐展开了强势的逆势表达，这些表达在智能技术的推动下，正在加速变为现实。

▶ **多元化供应下，个性化需求增强**

个性化需求的一个外在体现就是近几年媒体和各行业一直在讲的消费升级。这个消费升级是伴随着人们收入水平的提升而提升的，尤其是随着我国人均GDP趋近于10000美元，消费的升级步伐越来越快。**消费能力的提升让消费者在消费中越来越追求自我个性的体现，从原本的关注性价比、产品是否合用等购买考虑维度，逐渐扩展到商品外观是否独特、是否具备个性化的特性等诉求上。**

简而言之，当今用户在基础使用价值外，更加看重品牌和产品提供的精神价值、文化价值等是否服务自己的特性。这也是为什么**高端品牌越来越追求态度表达、文化表达，而非传统的粗暴展示自己产品功能的广告宣传活动。**

尤其是当今电商的发展又为用户提供了更多品类和购买全球品牌产品与服务的渠道。消费者几乎拥有无限多的市场选择，从而导致市场分化的开始，群体大规模式的消费不再受年轻一代的欢迎，对商家而言仅**靠一类产品来守护市场的方法已经行不通，个性化、多样化、娱乐化的消费时代已经到来。**

比如夏天喝的啤酒，以前大家都会选择家附近的超市或者小卖铺，在有限的选择里挑选。但现在，消费者的口味更加多元化，且积极地去尝试新的品类。从京东不同酒类近两年的购物频率上看，选择购买六种以上品牌的消费者有较大幅度的增长。

再比如，家电产品的消费者也逐渐出现品质化迁移，特色设计和技术的家电比大众版的产品更受欢迎。2016年京东变频圆柱柜机空调的销售额同比增长达到690%，曲面电视销售额同比增长610%，可见，特色设计产品越来越受到市场的欢迎。

▶ 场景多元化，即时响应

从线下店铺、商场到网页购物再到移动端购物，用户购买商品的渠道在不断改变，未来随着物联网的发展，企业和消费者的连接点将不再局限于单一的店铺、商场、网页或者移动端，会变得更加丰富。

未来的用户和企业的连接将会建立在应用场景中，比如消费者可以通过智能冰箱自动识别牛奶、啤酒的余量，自动下单；或者对着电视剧中喜欢的服饰搭配随手拍照，自动识别购买等。总之，交互方式更加丰富，**交易变得即时化、碎片化**，各类智能家居都变成流量入口，消费者的需求随时得到即时响应，**每一日常生活场景都会转变为消费场景，销售将变得无边界。**

▶ 用户参与，自我决定

未来，用户消费的消费观将转变为自我创造、自我了解，消费品更加凸显个人特征，商品成为自我个性、品位的外延。同时用户积极参与互动，从被动接受到主动参与，与企业共同创造价值，实现价值的参与化。

这种消费有点儿类似"私人订制"服务的普遍化。用户参与、类私人订制的消费模式将延伸到各行各业，用户将参与产品或服务的内容创造、决策参谋、体验分享和品牌传播的各个环节。发达的社交媒体将让消费者主动参与需求表达，并在扁平化的社交环节中进行品牌宣传，同时个人产生的大数据还可以为企业的订制化生产提供资源。大数据和用户参与可以让企业知道特定产品的需求量、产品的改进方向、个性化需求特点等一系列的信息。

第五节　营销关注点在发生转移

过去几十年，营销的方式都是将产品独特的卖点传递给消费者，消费者接收到信息后，似乎卖家的工作就完成了，即使消费者买完后发现各种各样的问题，也只能去投诉，而无法影响其他消费者。但是今天，随着互联网技术的发展，大众营销信息传播方式的改变，营销信息的传递已从传统的单项结构转变为多方扁平化的传播结构，从而营销信息的可持续传播性比营销信息本身更为重要。如果营销信息传播链中断，那么这条营销信息将会变得无效，过去人们往往会把品牌植入一系列的内涵，但现在这些东西已经变得过时，因为你植入的内涵只是个人的衡量标准，消费者不一定喜欢。

传统企业中海尔、联想以过硬的产品质量闻名于众，蒙牛、洋河依靠过硬的营销手段取得成功，国美、苏宁、屈臣氏靠连锁、超市、商场、专卖场等获得巨大利润，但是互联网时代的今天，阿里和京东单靠电脑和手机端的网页及 APP 就取得举世瞩目的成就。

时到今日，营销的关注点发生了改变，不再仅仅是通过传统的资源、策略、渠道把产品或者服务卖给消费者，而是**还需要通过利用互联网让消费者成为营销信息的传播者，让企业营销信息的传播具备可持续性。**

互联网的出现和发展让社交媒体成为人们分享见解、信息、思想及建立关系的平台，并由此组成了各色各样的网络社群，一定意义上互联网时代每一种产品或者服务的用户都存在于社交媒体上，即便某个人是沉默的，他的朋友、家人、同事也会在社交媒体上影响他。

而互联网世界的用户具有高感性能力与高体会的特性，同时他们还具有创造力、同理心。高感性指观察趋势和机会，以创造出感动人心的作品，编制引人入胜的故事，以及结合似乎毫不相关的事物，转化为新事物的能力。高体会指体察他人情绪，熟悉人与人的互动，懂得为自己和他人寻找欢乐，以及在烦琐事务中发觉意义和目的的能力。

未来互联网下的市场营销应该关注以下几点：

第一，产品不应只有功能，还需要重视外观设计。只是提供可以使用的产品、服务、体验或者是生活形态，已经不能满足消费者。**如今不论是挣钱还是为了个人成就感，产品或者服务都必须好看、独特甚至是令人感动。**

第二，不能仅有论点，还要会讲故事。当代人每天面对的信息过量，据理力争的营销方式已经不太实用，总有人可以找到相反的例子来反驳个人的说法。**想要说服别人、灌输营销信息，就必须具备编制具有情感经历的故事的能力。**

第三，不能仅谈专业，还要会整合。时代需要专业人士，但随着技术发展，白领工作或被外包或被软件取代，与专业相反的才能受到重视，社会需要的已经不仅仅是分析而是综合即纵观大趋势、跨越边界、结合相关元素创造新产品的能力。

第四，不能只讲正经，还要会玩。有太多的案例证明，多笑、保持心情愉悦和幽默对健康和工作都有极大好处，太过正经对事业不见得有益，**在互联网时代，无论工作还是居家，都需要玩乐。**

综上所述，未来互联网时代的营销，网络营销与资源、策略、渠道同样重要，话语权胜过所有权，可持续性的相互影响取代传统单向性的营销，合作成为主流趋势，"共享"成为主流。

阿迪达斯为应对耐克市场策略的改变而发动的全球换标的活动就是一个典型案例。

该活动利用互联网社交媒体进行大张旗鼓的宣扬，具体来说：首先，

阿迪达斯凭借视频网站的巨大影响，对活动进行全程网络视频直播，将一场几百人参与的推广活动，分散到亿万视频受众中；其次，通过智能手机展开"明星徽章申请"活动，进一步加深与消费者的互动，积攒人气；再次，通过移动互联网在线客户端，全程直播并实时互动，引爆网络二次传播；最后，挑选并编排精选花絮，进行保温宣扬作用，连续宣扬热度，延伸传播周期，强化消费者信仰。

这次活动，从开头到闭幕，每一个过程都做足噱头、攒足悬念，外加各路媒体狂轰滥炸，吸引消费者主动参与，构成强大的互动和二次传播氛围，进而不断强化消费者的品牌印象，最终在消费者头脑中形成不可替代的品牌形象。

第六节　营销渠道在发生改变

现如今，网上购物的消费模式已经越来越流行，电子商务模式也正在极大地改变人们的生活，互联网营销也以其表现丰富、监测性高、投放精准、成本低等特性，正在成为各行各业的主要营销渠道。人们经常会听到所谓的 B2C（企业对消费者）、B2B（企业对企业）、C2F（顾客对工厂）、C2C（消费者对消费者）、微商、团购等新型的营销模式，而传统的大卖场、连锁店、直销、批发代理等却逐步退出人们视野。传统的营销渠道在互联网的浪潮下，正在发生一些不可逆转的变化（见图1-1）。

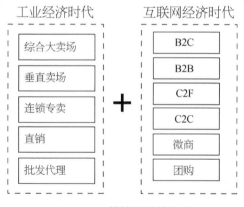

图1-1　营销渠道的变化

▶ 渠道间关系的变化

传统的营销渠道，每个环节的信息都彼此封闭，企业为实现自身利益的最大化，势必会与产业链上下游企业间产生激烈的利益争夺，又有各层级间利益相互对立，这就进一步加剧了渠道内部的冲突。而互联网营销渠道，尤其以电子商务为例，渠道内部各层级的信息相互开放，内部成员为应对外部市场竞争压力，更乐于摒弃陈旧观念，相互合作进行外部的资源整合与共享，先前的利益导向的对立关系逐渐转变为合作共赢关系，以求得整体利益的最大化。

▶ 渠道内部权利发生变化

传统渠道中，中间商信息获取能力最大，依靠拥有第一手的产品和市场需求的可靠数据，与企业议价的优势不断增强，这就对企业的盈利造成了极大压力。而在互联网时代，互联网的快速发展让企业获取信息的能力大幅提高，企业可以通过网络直接与客户接触，获取顾客需求的第一手信息，这就减少了对中间商市场信息的依赖，从而获取了更多的主动权。

▶ 新的渠道中间商不断出现

互联网时代新型的中间商正迅速崛起。新型的中间商包括实体中间商、网络和增值服务商，**这些中间商借助信息技术和工具进行服务创新，改变传统的消费模式，让消费者拥有更多的消费体验。同时，这些新型中间商还可以利用先进的网络技术，直接获取企业和顾客的需求，提供双向反馈，拉近企业与消费者的距离。**

总的来说，互联网给营销渠道带来的影响是广泛而深刻的。随着营销渠道的改变，未来企业的营销渠道将呈现以下特征：

第一，营销渠道扁平化。通过互联网，商家可以与客户直接展开交易，取消全国省级、市级等中间商层级，有利于让销售商保持销量的同时将更多利益让于消费者。

第二，资产投入和成本费用大幅降低。相对于传统渠道，互联网渠道可以节省大量固定资产和店铺费用，包括商铺租赁、装修等。

第三，销售信息传播和延伸更加广阔、高效。互联网渠道营销不再受时间和地域限制，可将营销信息通过互联网传播至广阔的范围，实现一地区、全国甚至全球的实时销售。同时消费者也可以通过互联网更加快捷方便地购买所需要的产品。

第四，库存成本较低。商家借助互联网可以更为快捷高效地展开营销信息分析，据此快速调整库存，提升库存使用效率，保证较低的库存量。

最后，时代在变，消费模式在变，营销渠道作为企业的核心竞争力，必然推动着所有企业改变，未来势必属于积极拥抱互联网进行互联网营销创新的企业。

02

互联网时代的竞争特性

互联网时代，企业面临的市场竞争环境发生了翻天覆地的变化。传统的经营理念和经验不断被颠覆，这种颠覆本质上是对传统产业核心要素的重新分配，是生产关系的重构，从而提升运营效率和结构效率。由此引发企业面临的竞争环境更加激烈，维持"永续经营"也愈加困难。

互联网时代最重要的变化就是"信息市场"的完全效率化。"信息市场"的完全效率化是指在虚拟的网络空间中形成信息发布或交易的市场，在这个市场中，信息的传播呈现大量、瞬时、全球化和几乎无偿获得的显著特征。

本章的内容主旨在理顺企业在互联网时代中的竞争特性，从激烈的竞争中找到强有力的依托点，构建核心竞争力群组，实现可持续化盈利和发展的目标。

第一节　互联网融合

近几年，互联网已经彻底改变了我们的生活方式，几年前要打车，无论天气如何，无论身体如何，都要亲自站在路口去"碰运气"；几年前你要吃饭，要么自己做，要么去饭店；几年前你想买衣服，只能去商场选购；几年前你想去外地，只能提前去火车站排队买票……

今天，这一切事情——购物、订餐、买机票、订酒店、培训学习甚至相亲，只要通过互联网，花几分钟的时间，足不出户，就能完成以前在外面跑上大半天都无法完成的事情。

1995 年，全世界互联网的用户可能不到 5 万人，今天一次互联网大会，参加会议的人都会超过 10 万人，而目前全世界用互联网的人口已经超过了 30 亿人。

不管你承认与否，我们的社会已经被彻底地互联网化了，互联网再也不是高级人才特有的办公应用工具，它已经悄然成为我们生活中无法割舍的一部分，许多人可以一天不吃饭，但却无法忍受一天没有网络的世界。

那么，经过互联网洗礼后，行业的发展发生了什么变化呢？调查显示，互联网融合后的餐饮行业市场规模已经达到 2000 亿元，旅游行业的市场规模达到了惊人的 5000 亿元，这些都是拥抱互联网后所产生的神奇效果。细数中国知名的成功企业，更是鲜有不被互联网化的，从我们最熟悉的天猫、淘宝、京东（互联网＋购物）到美团外卖、饿了么（互联网＋外卖），从滴滴打车、神州租车（互联网＋出行）到携程、途牛旅游（互联网＋航空酒店服务）等。

尤其在 2015 年 3 月 5 日，国务院总理李克强在政府工作报告中提出：新兴产业和新兴业态是竞争高地。要实施高端装备、信息网络、集成电路、新能源、新材料、生物医药、航空发动机、燃气轮机等重大项目，把一批新兴产业培育成主导产业。制定“互联网＋”行动计划，推动移动互联网、云计算、大数据、物联网等与现代制造业结合，促进电子商务、工业互联网和互联网金融健康发展，引导互联网企业拓展国际市场。

未来，企业如何才能在互联网的浪潮中博得一席之地呢？很多人认为，与互联网融合很简单，无非是开个网店，把产品和服务放到网上。这种想法没问题，可互联网融合绝不单单是这些，**所谓互联网融合，更重要的是企业在未来发展和经营过程中，用互联网的思维来代替传统的思维，改变传统的经营业态，创造新的商业模式。**

第二节　营销无边界

营销是企业生存的必要手段，传统的营销中，企业运用 4P 理论（产品 Product，价格 Price，渠道 Place，促销 Promotion）可以很快找到企业的最佳营销方案，但在互联网蓬勃发展的今天，虽然传统的营销常识依然为企业提供着理论支撑，但原有的规则变得越来越无效，**市场营销开始了无边界时代。**

一、行业的界限变得越来越模糊

科技、信息、互联网的快速发展，已经打通了行业之间、企业之间的壁垒，使得各个行业互相融合、互相渗透。特别是那些拥有互联网背景的新型企业组织，我们已经很难界定它们的边界在哪里。

谷歌（Google），搜索引擎的鼻祖，2017 年 6 月，《BrandZ 最具价值全球品牌 100 强》公布全球 500 强品牌榜单，谷歌公司当仁不让地蝉联榜首，单单广告收入这一项，每年可创造 600 亿美元的营收，其业务涵盖互联网搜索、云计算、广告技术，开发并提供大量基于互联网的产品与服务，开发线上软件、应用软件，还涉及移动设备的 Android 操作系统以及谷歌 ChromeOS 操作系统的开发。

那么，我们如何来定义这家综合性的公司到底在营销什么呢？是在卖信息？卖广告？卖软件？卖设备？是的，它已经很难用以往惯有的市场定位来定义了。谷歌已经将触手伸向了互联网的各个角落。反过来也可以说，是互联网帮助谷歌打破了传统的营销边界。

二、市场进入了无边界竞争

我们正处在一个瞬息万变的环境中，互联网的出现，打破了原有的竞争法则，企业与企业之间的市场竞争不再单纯是同质化产品之间的比拼，更多趋向了没有边界的混战。

几年前，作为出租车行业老大的首汽出租车公司拥有 2 万辆出租车，从不把任何竞争对手放在眼里，但是，滴滴打车的出现，颠覆了整个出租车行业，滴滴打车 2012 年 9 月份上线开始运营。到 2013 年 11 月份，短短一年的时间，滴滴就覆盖 1000 多万用户，32 个城市，这种体量已经不是一家出租车公司可以抗衡的了。其实说起来，滴滴本身没有一辆运营车辆，也没有聘用一个司机，而是依托移动互联网的优势，将资源整合在一起，加上便捷化和人性化的服务，就成了整个出租车行业望而生畏的竞争巨头。

因此，如今市场上真正让你难以招架的绝对不是体量上的差距，而是思维上的变革。

三、竞争往往从外界进入

今天，借助信息科技，许多新兴企业涌现，并快速成长，它们摒弃了过往"只有定位准确，才能实现营销"的固有思维，从莫名其妙的地方出现，成为传统行业有力的竞争者，上文所提到的滴滴打车就是一个鲜明的例子。除此之外还有一个案例：

特斯拉（Tesla）被誉为硅谷传奇，它究竟传奇在哪里呢？

特斯拉首席执行官埃隆·马斯克表示：特斯拉努力为每一个普通消费者提供其消费能力范围内的纯电动车辆，我们的愿景是"加速全球向可持续能源的转变"。在美国，特斯拉并没有像绝大多数汽车一样诞生在底特律，而是来自硅谷，这也就表明，它代表的不是传统工业的汽车，而是继承了 IT 基因的互联网新能源汽车。

在此之前，埃隆·马斯克并没有任何关于汽车方面的认知，但他了解未来，了解社会，了解客户，基于这些，一个连轮胎都不生产的公司，造就了举世瞩目的电动汽车，特斯拉 2013 年一季度财报显示，特斯拉斩获 1120 万美元的净利润。更令人惊叹的是，特斯拉利润率高达 25%，传统的跨国汽车厂商仅能达到 10%。这不禁让老牌的福特感觉尴尬，更值得一提的是，2017 年 2 月份，特斯拉汽车公司（Tesla Motors Inc.）正式改名为特斯拉（Tesla Inc.）。这意味着汽车不再是特斯拉的唯一业务，埃隆·马斯克将继续拓展他的市场。

就像 Semco 公司（巴西"最成功"的多元化经营公司）CEO 塞姆勒所说："我也不知道我的公司是做什么行业的。我只知道我们在做哪些事情——我们制造东西，提供服务，打造线上社区，但我不知道应该如何定位 Semco。坦白地讲，我也不想知道。我带领公司的这 20 多年时间里，我一直在努力地不定义我们在做的事情，原因很简单：一旦说你是某个行业的，就相当于把你的员工带进了某个关起来的房间，哪怕这个房间再大，他们的思维和想法再也不会超出边界。更糟糕的是，你给了他们一个现成的借口去无视新业务：那不是我们的市场。"

所以说，市场无边界，竞争也无边界。

第三节　开放与免费

我们社交用的微信、QQ；搜索引擎用的百度、搜狗；导航用的高德地图、谷歌地图；获取新闻的门户网站新浪、搜狐、网易等，用户在使用这些程序过程中都不需要支付任何费用（除购买平台上的产品外），我们已经习惯了这些免费的服务。

以我们最熟悉的微信为例：要知道，微信上线至今还不足十个年头，但截至 2017 年，微信注册用户接近 10 亿，月活跃用户 8.89 亿（意思是有 8.89 亿账号登录，不代表有 8.89 亿人，有些人动辄几个甚至几十个微信账号），微信公众号超过 1000 万个。

依托于如此大的用户群体，微信进一步拓展业务，所开展移动应用程序对接的数量超过 90000 个，使用微信支付的用户也达到了 4.7 亿。微信在 2017 年 1 月份又做了一件震动互联网的事——推出了微信"小程序"。

小程序英文名 Mini Program，是一种不需要下载安装即可使用的应用，它实现了应用"触手可及"的梦想，用户扫一扫或搜一下即可打开应用。全面开放申请后，主体类型为企业、政府、媒体、其他组织或个人的开发者，均可申请注册小程序。小程序、订阅号、服务号、企业号是并行的体系，这些服务内容全部以"wechat"这个小小的 APP 作为载体，免费面向用户，目前，微信还在进一步扩充自己的体量，以优化用户体验，为其提供免费且实用的产品和服务。

有人会问，**微信做了这么多事情，靠什么赚钱呢？** 其实这个问题不难回答，如果一家企业拥有 10 亿体量的用户基础，它做什么都会有人来抢着埋单，毕竟，它几乎控制了全部市场。

因此，**互联网时代最鲜明的特点就是开放和免费。** 也正是这个特点，使得许多互联网新兴企业可以在极短的时间内，达到传统企业无法企及的体量。

谷歌地图，从第一款导航仪出现到销售 300 万台，用了整整 10 年时间，然而，谷歌针对苹果手机推出的新版地图，**其下载量达到 1000 万，时仅仅用了 48 小时。**

谷歌地图是如何实现这一奇迹的呢？

智能手机上的谷歌地图拥有 GPS 集成、实时交通状况、搜索、通讯录以及电子邮件服务；最重要的是它能贴近人们的日常生活应用，帮助人们搜索宾馆、饭店，并直接获取导航指引；无论是步行、乘坐公共交通工具，还是驾驶，都可以给到最佳路线；谷歌地图利用云计算等功能，还可以进行实时更新、储存数据，并不会占用智能手机的任何空间；最关键的是不花钱（免费）。

通过这一对比，我们可以清晰地了解到互联网时代，企业的竞争再也不是单纯的价格之争、质量之争和数量之争了，更多是互联网时代商业模式的竞争。

第四节　大数据运用

2017 年 5 月，阿里巴巴董事局主席马云在中国国际大数据产业博览会的"机器智能"高峰对话会上表示：我们已经进入了大数据时代。的确，我们正在从 IT（Internet Technology，互联网技术）时代走向 DT（Digital Technology，数字技术）时代。DT 不仅仅是技术上的提升，而且是思维观念的变革，**IT 时代，人们习惯于以自我为中心，人人都是自媒体，每个人都可以在互联网世界发声。而 DT 是以人为中心，开放式、透明化地进行一切生产活动。**

在大数据时代，人类获得数据能力远远超乎大家想象，我们对世界的认识要提升到新的高度，未来 30 年将对全球经济进行重新定义。

互联网时代的数据存储量在逐年递增，截至 2016 年年底，全世界产生的数据量约为 13.5ZB，预计 2020 年可达到 40ZB，并且以每年 40％的增长速度，无限扩充。在未来，人们对事物的观察、思考和行为都将受到大数据的影响，单纯的数据也许并不能带来价值，大数据真正引起价值质变的，是大数据的获取、挖掘、处理、预测等功能。

谷歌（Google）作为世界上最大的搜索引擎公司，无疑也是世界上在数据领域最有发言权的公司，早在 2009 年，Google 利用大数据成功预测了当年的冬季爆发的流感，并精确到了某个地区。

Google 是怎么做到的呢？

首先，Google 通过汇总 5000 万人在搜索引擎中检索的高频词汇，深度挖掘高频词汇的关联内容，根据关联内容对比近十年来天气、气候、温度与疾病的相关记录，然后进行数据对比，最后构建数据模型，对所有数据进行计算和分析，从而预测出相对客观的时间、地点、事件。

我们可以想象一下，诸如 Google 利用大数据对未来进行预测的神话，在大数据时代将会发生在各个行业、各个企业的所有生产、服务以及管理领域。与传统的营销和管理相比，其特点是：**服务更加精准，成本更加低廉，效果更加优质，速度更加迅捷，利润更加丰厚。**这些不是在现有的技术基础和思维基础上可以领悟的，它将以一个全新的世界呈现在人们眼前，一个全新的数据化、网络化的世界，并且成为世界经济和社会发展的主要推动力。

第五节　周期在缩短

美国极具营销理念的管理学家伊查克·艾迪思，创立了企业生命周期理论，理论的核心是：企业的发展与成长的动态轨迹，包括发展、成长、成熟、衰退几个阶段，每个阶段的周期大约 3 年。这一理论很长时间内深深影响着企业的发展历程。

但当今信息科技爆炸式增长，全球经济朝着一体化的趋势发展，新技术、新思维、新观点不断刷新着我们的认知。**人类知识更新的周期越来越短，很多知识我们刚从书本上学到，还没开始实践，已经过期了。**经济发展瞬息万变，企业的发展也要适应大趋势的变化缩短相应的成长周期。

作为全世界原手机行业的霸主，诺基亚用了 100 多年才完成了市值 140 亿美元的目标，联想的市值突破 100 亿美元用了 30 年的时间，而小米完成这一壮举仅仅用了 3 年的时间。

在互联网这个"异变"的环境中，许多企业如同怪物一样从一颗种子瞬间成长为参天大树，传统企业几十年的积累不及这些企业几年的发展。

标准普尔 500 指数（S&P500 Index）是记录美国 500 家上市公司的一个股票指数，是全世界金融投资界公认的权威标准，提供被广泛认可的信用评级、独立分析研究、投资咨询等服务。通过研究标准普尔 500 指数，我们发现，各大公司跌出这一指数的平均速度从 1958 年的 61 年，加快到了今天的 18 年。可见，所有公司都在加快更新迭代的速度，再大的公司也难以在滚滚巨浪中幸免，我们正处在一个发展速度惊人的时代，这个时代充满了机遇和挑战。能否在竞争日益加剧、规则渐渐模糊的恶劣市场环境中快速创新并适应经济发展的趋势，已经成为企业成败的关键。

同样认识到企业和产品的发展周期越来越短，华为董事长任正非表示："不创新才是华为最大的风险。"华为2万元起家，从一家名不见经传的民营科技企业，发展成了世界500强和全球最大的通信设备制造企业，历时25年的时间，创造让全世界瞩目的奇迹，周期在不断缩短，但企业这段周期中要承载的内容并没有减少，反而变得更多了，这就需要企业不断创新，否则就会被越来越快的周期所淘汰。

因此，任正非说："回顾华为20多年的发展历程，我们体会到，**没有创新，要在高科技行业中生存下去几乎是不可能的，在这个领域，没有喘气的机会，哪怕只落后一点点，就意味着逐渐死亡。**"

其实，不仅是高科技公司，所有企业都在缩短创新时间。

第六节　颠覆式创新

根据创新的方式与结果的不同，创新可以大致分为三种形式，即微创新、蓝海式创新、颠覆式创新。

颠覆性创新理论是由 Innosight 公司的创始人、哈佛大学商学院的商业管理教授、创新大师克莱顿·克里斯坦森（Clayton Christensen）提出的。

企业只专注于他们认为该做的事情，如服务于最有利可图的顾客，聚焦边际利润最诱人的产品项目，而恰是这一经营路线，为互联网的颠覆式创新埋葬他们敞开了大门。这一悲剧之所以发生，是因为现有公司资源配置流程的设计总是以可持续创新、实现利润最大化为导向的，这一设计思想最为关注的是现有顾客以及被证明了的市场。然而，一旦颠覆性创新出现（它是市场上现有产品更为便宜、更为方便的替代品，它直接锁定低端消费者或者产生全然一新的消费群体），现有企业便立马瘫痪。

曾经风光无限的诺基亚、摩托罗拉这样的行业巨头，现在已经逐渐淡出了历史舞台，而我们几年前甚至都没有听说过的"小公司"，却能"一夜成名"，**这种让人瞠目结舌的现象，除了"颠覆"，还有更贴切的词汇吗？**

所谓"颠覆"，是对一种在传统认知中几乎不可能实现的结果的描述。在互联网时代，企业创新是必要的，竞争日益激烈的市场经济环境，迫使企业不断进行自我颠覆，否则，随时有可能被其他企业颠覆，因此，颠覆式创新是企业刻不容缓的工作。

一、打破思维边界

有一个非常著名的哥德尔第一定理。它这样讲：任何一个体系，它必是内部和外部自洽的，这样才能有效运行。但是任何一个内部逻辑完全自洽的体系，一定存在自身的边界，一旦越过边界，这套体系一定是失效的，边界外是另一个新的体系。根据这个定理，工业时代的外部就是互联网。互联网的出现使得工业时代的体系失效。而互联网的外部就是大数据和移动互联，随着信息科技的发展，移动互联网和大数据的思维意识必将取代互联网体系。

不难发现，无论是传统行业还是新兴科技行业，多多少少都能从中看到互联网的影子，社交化媒体、商贸平台等越来越多的领域开始借助互联网的优势，进行颠覆传统的创新，实现裂变式的发展。

以白酒市场为例，人们喝白酒喝的是一种文化、一种情怀，但这醇厚的味道更契合中年人的口味，很难找到一款白酒符合年轻人张扬的性格，于是"江小白"应运而生。利用互联网思维，"江小白"着实在年轻人群体里火了一把，**以青春的名义创新，以青春的名义颠覆，本着"好品质、好创意、好体验"的原则，引领和践行中国白酒行业年轻化、时尚化。**江小白敢于颠覆传统，在市场上对白酒大谈文化和历史的时候，嫁接互联网思维，回归简单，表达当代青年人的心声。

二、与其更好，不如不同

传统企业能够经历长时间的历史变迁而屹立不倒，自然有其生存之道，说到底，维持传统企业生命力的就是过硬的产品质量、高端的技术手段和市场良好的口碑，新兴企业如若想与之竞争，在原有的市场上分一杯羹，需要做到更加卓越，难度可想而知，因此，与其花大力气去比较谁更好，倒不如做得与别人不同。

由图2—1可以看出，成熟的产品和技术，在原有的市场中，已经被传统企业霸占，新兴企业想要在如此夹缝中生存是一件非常不容易的事情，但是，第四象限中，是新兴企业发展的福地，新的产品、新的技术、新的市场，但说起来容易，要想创新产品和创新技术，就需要时刻保持颠覆式创新的思维。

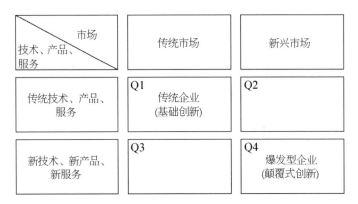

图 2—1　颠覆式创新的突破点

以美图秀秀为例，很多女孩都喜欢自己在照片中又高又瘦又白，大眼睛，鹅蛋脸。美图秀秀的创始人吴欣鸿是摄影美术专业出身，一开始他认定，美化照片这一行业绝对有非常大的需求，尤其是针对 90 后的女生。但是，市面上的修图软件以 Photoshop 为主，技术门槛比较高，那一群小姑娘先去学习软件的基础应用，再花很长时间坐在电脑旁边把图修出来，得猴年马月了，他灵机一动，为何不设计出一款拍完就能传到手机上的相机呢？但经过多方面的考察，相机市场追求的都是高度清晰、高像素，哪有把人拍变形的道理呢？况且，生产相机的成本确实太高，于是，他瞄准了手机 APP 的市场，借助智能手机的摄像功能，开发出一款能够把人拍得漂亮点儿的软件，相比较而言会容易得多，美图秀秀就这么一点一点地成为几亿用户都在使用的软件了。

综上所述，**颠覆式创新拥有以下特点：都是爆炸性增长！都是前所未有的模式！都是诞生于互联网相关领域！**

第七节　平台化战略

用竞争战略之父，哈佛大学商学研究院著名教授迈克尔·波特的价值链理论来解析，可以认为：所谓的平台，就是把多种业务价值链所共有的部分进行优化整合，从而成为这些业务必不可少或最佳选择的一部分，这种由价值链的部分环节构成的价值体就成为一个平台。

因此，平台要具备以下特点：

第一，多种业务价值链上拥有共性部分。很多业务在价值链上具有相同的环节，比如日用消费品要通过终端才能接近消费者，终端就是这些业务价值链的共性部分，这些共性的部分将会产生一个独立的群体，等待不同平台上的合作机会。

第二，可以从具体业务的价值链上剥离出来。可以看到的事实是，纵向一体化的公司正日益转向合作与外包，战线太长，会导致企业资金回流产生障碍，也会耗费高昂的人力成本、财力成本和管理成本，只从事一种业务的某一或某些环节的公司越来越多，未来的市场，不是我外包别人，就是被别人外包，企业更加倾向于专注和聚焦，专业的人做专业的工作，缩短战线，如果需要合作，我们来构建合作共赢的平台。

第三，在剥离之后具有更高的效率或更好的价值表现。这可以通过规模效应、协同效应等一些产业经济分析的模型来判断。比如，专业的家电超市比厂家自建终端更有优势的一个重要因素，就是专业的家电超市可以经营多个品牌的产品，消费者在专业卖场内可以进行比较、挑选，而厂家自建终端则不可能做到这一点。**在消费者对厂商品牌的信任度还没有足够到直接购买的时候，比价就是一个重要的购买因素。**当然专业卖场还有其他的优势。

受全球化和信息化的驱动，越来越多的一体化价值链被解构到不同的厂商手中。但是，能够接受外包的企业非常多，做成了平台的企业却非常少。因为如果只是具备第一条，接受一个价值链上的某个环节，这叫外包，而主导权掌握在发包企业的手中，比如为耐克品牌服务的制造厂就是这种类型。如果具备了第二条，为多个价值链、多个协作对象服务，在上游叫 OEM，在下游叫代理。

世界级的优秀企业都善于实施平台战略形成竞争优势。没有平台，单纯依靠压榨员工的工作效率，能够挖掘的潜力非常有限。但是，在产业链上，不同环节上的企业都有着自身独特的资源，同样是生产牛奶的两家企业，A 公司擅长产品的加工工艺，B 公司拥有健全的销售渠道，A 与 B 就可以构建一个简单的合作平台，集各环节优质资源于一体，与更大体量的公司分庭抗礼。

所以，从某种意义上，可以说，平台的构建，是企业核心竞争力的延伸和扩展，核心竞争力本身并不代表竞争优势，但平台可以是核心竞争力的外化和落实，如微处理器芯片性能的提升是英特尔的核心竞争力，但是如果英特尔只是在提高芯片性能上下功夫，也不会对产业有如此大的控制力。包括研发能力、品牌战略、平衡管理能力在内的综合能力形成的综合平台，才使得 AMD 多年来对英特尔霸主地位的挑战无功而返。

企业实施平台战略，可以是通过建立新的平台，去打败一个旧的平台，也可以是在现有的平台体系中，通过争夺领导权提升自身在产业中的地位。

海尔把自己的国际化战略概括为"走出去，走进去，走上去"，换一个角度，也可以理解为：首先进入跨国公司已经形成的产业平台中，比如进入沃尔玛的销售体系；然后通过逐步提升在平台内的地位向优秀企业转化。

而对于已经拥有平台优势的企业来说，平台战略则意味着不但要采取积极措施，使得平台价值最大化，增强平台的竞争力；而且要谋求保住自己在平台中的地位和领导权，当产业的核心竞争要素发生转移的时候，积极调整企业的经营重心匹配产业的发展，单纯利用平台优势和领导权优势榨取垄断利润的企业注定要被产业的新生力量所超越。

第八节　去中介化

首先，我们普及一下中介的概念，简单来说，中介就是以提供不对称信息而盈利的服务环节。比如房屋中介，搜集大量房屋信息，向购房客户进行推荐，这就是典型的中介；另外，在很久以前的"问路收费"，也是一种中介行为，当地人向外地人提供导航服务，并从中获得报酬。

随后，我们再来搞清楚"去中介化"的概念，所谓"去中介化"，并不是将市场上所有中介全部去掉，而是通过互联网这个超级信息媒介，取代独立的个人和机构为主体的收费信息中介。当然，有人说阿里巴巴不就是最大的中介吗？还谈什么去中介化？其实，很多人并没有搞清楚中介互联的真实内容，互联网的优势，就在于可以把支付信息终结的成本降至最低，让信息足够廉价，不断缩小个人信息中介的生存空间，所以，去中介化绝不是去掉所有中间环节。

去中介化对于企业在互联网时代的竞争有何好处呢？

一、节省交易成本，多方受益

有业内人士认为，利用互联网"去中介化"，最直接的优势就是去除了中间环节，供需双方直接对接，节约了时间、人力、物力等多方面交易成本，能够直接惠及交易双方。

作为手机行业传奇的小米公司，依托互联网的优势，进行了堪称教科书一般的产品营销。

小米总裁雷军先生更是自建微博，与粉丝互动，又是讲故事，又是抽奖，加以文案营销、社群营销、粉丝营销等一系列辅助手段，实现了让小米手机从公司直接面向消费者的"短道速滑"，摒弃了代理商、经销商从中的利润抽成，消费者感觉到了实惠，小米赚去了利润。

二、大数据为行业出谋划策

互联网最大的特点就是数据化，"互联网＋"不仅仅是将互联网应用于传统行业，更是将无所不在的计算、数据反馈给行业本身，促进行业创新。当互联网"去中介化"广泛应用于某个领域时，便可以通过该互联网平台的大数据去监测行业发展走向，为行业发展提供客观参考。

以前，生产商家之所以要依附于渠道商，是因为渠道商掌握着产品流通和销售的环节，但在大数据时代，信息前所未有地透明化和数据化，上游企业可以直接以数据作为指导，以互联网为媒介，制定营销计划，实现产品的定制化和高效化。

三、透明化助行业转型升级

由于互联网"去中介化"缩短了交易链条，避免了过多的人为参与，交易过程会清晰地记录在互联网上，可随时审核查看，这在一定程度上保证了交易的透明度，有助于行业整体水平的提升。

如作为 C2C 平台的赶集网、瓜子二手车交易网，收费十分透明，整个交易过程没有其他收费环节，直接避免了暗箱操作下的恶性高额中介费，为交易双方增加获益空间，也同时带动了整个行业的发展。

03

打破市场边界，
重塑营销优势

互联网开启了一个新时代，它给人类带来的最大价值就是连接，从连接人与信息，到人与人，再到人与商品/服务，互联网不断地渗透和影响更多的领域。

尤其是随着移动互联网时代的到来，更是将原来 PC 端的 8 小时工作应用时长，拉长延伸至每天 24 小时无缝连接工作、生活、娱乐、交通出行等。而这种连接跨越了时空的界限，无限地拉近了企业和用户的距离，只要你愿意，你的用户可以在地球的任何一个角落。

如今，伴随着互联网的渗透，所有的行业都在发生着质变，各个行业的特征也变得越来越模糊，市场竞争的焦点开始逐渐从独立的产品向包含有产品或服务的竞争系统转移。

未来，一家产品生产企业不仅面临行业内市场的竞争，甚至还将面临行业外市场领域内的竞争。

如今，所有的市场边界都在不断地被打破、重塑，**没有哪个人或者企业可以百分之百地确定自己的竞争对手到底是谁。**

小米科技是一家什么样的公司？

很多人可能会认为小米是一家类三星的手机硬件企业，因为小米卖手机。其实小米企业属性很多，像一家电商企业，还像互联网企业……截至 2017 年 6 月 30 日，小米共投资了 89 家智能硬件生态链企业，主要投资方向包括手机周边产品、传统白电智能化、智能可穿戴设备、极客酷玩类产品和日常生活用品等方面。

在大家看来，小米公司似乎一点儿也不专注，无论如何小米做的事情都算不上符合雷军所说的七字诀"**专注、极致、口碑、快**"。然而，如果换个角度来看，不符合也许只是对原有市场边界的认识，如果打破市场边界的话，或者是可以理解的。不要把小米界定在智能硬件行业、电商行业、互联网行业上，也许这些并不是小米的边界。围绕人和家庭，小米生态链产品互联形成了一张全新的网络，一种更加融合的趋势让更多行业相互渗透，打破了市场原来的边界，使其具有全新的成长空间。

未来打破市场的边界，已经不再是一种趋势，而是一种事实。那么，这就要求企业要做好曲线腾飞的准备，同时主动拥抱科技指数级增长的趋势，前提当然是要突破线性思维的枷锁。

第一节　打破需求边界

过去的观念认知的经营本质是提供产品、满足需求，将产品或服务变成利润的过程。在互联网时代，市场环境变了，竞争边界已经被打破，价值链也随之发生了变化，竞争者身份开始变得模糊，消费者的需求在不断向深层次发展，**满足消费者需求的壁垒正逐渐消失，未来的不确定性与机遇交替而至。**

在这个互联网颠覆各行业的时代，企业需要主动打破需求的边界，以更高的视角看待客户需求的变化，而不再一味地以自己传统的思考方式做事情，从而为客户创造出更优价值。

打破需求的边界，意味着要将视野从传统的产品经营角度移开手，站在用户的角度去理解行业。竞争激烈的当下，这个着实重要，**如果你不去理解用户，用户就会抛弃你。**

然而，无论时代如何变迁，企业经营的本质都不会发生变化：满足需求，创造价值。

所以打破需求边界，创造价值的过程中，企业需要特别关注客户未被满足的精准需求。

谁能够关注客户的潜在需求或者能够洞悉客户需求的变化，谁就可以在重新定义客户需求上获得先机，打破领先者制胜的格局，成为这个市场新的领跑者。

一般来说，在某个细分市场中，总有部分客户需求得不到满足。但是，现实中许多未被满足的需求往往潜藏在客户的内心深处尚未被觉察。明确这些需求，并从中寻找到能够提升客户价值的东西十分重要。当然，企业不可能满足全部的客户需求。客户需求是无止境的，全部满足也不现实，只能部分地满足。

因此，企业必须首先选择不同战略族群的关键客户价值，进行需求上的重构。大部分企业都用普遍接受的战略类型或业务类型进行竞争的分类，并努力在对应的族群里做到最好。通过选择不同战略族群的关键客户价值来重新构建需求，可以使企业避免竞争中的利润消耗，开辟蓝海。其次要改变行业原有诉求点，在功能和情感中转换。**谎言重复一万遍也可能变为真理，但企业诉求最终无法代表客户诉求，谁打破旧诉求的竞争，谁就会第一个赢得新客户、创造新利润。**

概括地讲，我们不要只在看得见的冰山一角上重复过度地竞争，而应该率先深入看不见的冰山之基做收获者。**只要延伸需求内涵，把原来忽视的最重要的需求挖掘出来，立刻能让最强的竞争对手自废武功。**

有这样一家安全防护公司，其安防设备能实时、形象、真实地反映被监控对象，并且已经获得多项专利，产品功能非常强大，而该安防设备价格也并不高。然而，几乎鲜有商户愿意购买安装，市场始终没有打开。后来经过笔者团队分析，发现其并没有挖掘到商户的精准需求。对于安防公司而言，实际上商户的需求分为三个层次：浅层次需求——不被偷；深层次需求——被偷之后，有人及时制止；未被满足的精准需求——即使被盗走，也会有人赔偿。

因此，**对于商户而言，他们需要的并不是安防产品本身，而要解决的是偷盗的问题。**所以即使技术再好，产品质量再过硬，销售渠道再好，只要不能满足用户的精准需求，产品还是卖不出去的，企业也无法获得成功。

经过分析后，该安防公司成立了统一信息中心，组建了安保团队，同时联手保险公司，为商户提供整套的"安全保障"服务解决方案。一旦商铺发生警报现象，该公司的安防团队会第一时间赶往案发现场，阻止偷盗行为，而如果未能有效地阻止偷盗，导致商品被盗时，保险公司则会及时承保，赔偿商户损失。这样一来，安防公司实现了让商户安心、保险公司受益、警察欢迎、社会放心的多方共赢的局面。

传统的产品功能满足基本需求的时代已经成为过去，取而代之的是打破需求边界、为消费者创造价值的互联网时代，这就是新环境下的经营本质。

第二节　跨越行业边界

如今，市场边界开始变得越来越模糊，许多企业都已被卷入无边界竞争中，企业要想获得持续发展的动力，必须突破原有的行业界限，进入行业以外的领域谋发展。

21世纪初，在电脑行业中IBM是世界第一，惠普第二，康柏第三。IBM收购咨询业的翘楚普华永道，建立了一个拥有超过10万名企业顾问、服务专家的全球性团队，彻底转型为提供"全球最大的信息技术和业务解决方案"的公司；而惠普收购了康柏，把当时电脑行业的第二名及第三名整合成一个企业，企图用规模战胜IBM。殊不知，对制造业企业来说，靠规模打造竞争优势无疑是正在静候一个打劫者的光临，注定了惠普无法撼动IBM。

突破企业定位的固有边界，通过融合、混业等方法，跨入新的行业、产业或领域，就是无边界竞争行为。

无边界竞争思维打破了定位的限制，让企业在无边界经营、竞争中创新，这种战略思维能使企业创造出颠覆式的商业模式，且这种颠覆常常带来惊人的消费浪潮。

歌德曾说：**"每一种思想最初总是作为一个陌生的来客出现的，而它一旦被认识的时候，就可能成为改变社会的滚滚潮流。"**现在，选择实施无边界竞争战略的企业，正在许多行业不断涌现。

在星巴克咖啡店，消费者品尝咖啡的同时，还能买到由星巴克出版的正版音乐作品。星巴克便是突破咖啡店定位的边界，与音乐作品混业经营。据统计，在北美市场，星巴克咖啡店共销售唱片440多万张。

白酒行业也在实施无边界竞争战略，国窖1573大坛定制原酒突破白酒行业的边界，创造了类金融的商业模式。

从众多企业的商业模式变革中，我们看到奉行无边界竞争战略的巨大潮流正在国内外迅速蔓延。这种走向无边界经营发展的思路，不断改变着商业生态、企业命运及思维习惯。

近几年，小米布局了包括手机周边产品、传统白电智能化、智能可穿戴设备、极客酷玩类产品和日常生活用品等领域。据资料显示，小米曾经和国际饮料巨头有过一次合作，小米手机曾出现在近 3 亿瓶可口可乐产品瓶身上，消费者在购买可口可乐旗下的全线汽水、果汁产品时，有机会"揭盖"赢取小米手机。同时，小米还为可口可乐独家定制了酷炫的手机操作主题以及限量版可口可乐主题手机。

茶叶作为一种健康的饮品，正在被世界上越来越多的人接受，而中国作为世界上第一大茶叶生产国和消费国，发展袋泡茶有着绝对的优势。纵观全球袋泡茶市场，立顿绝对是当下袋泡茶销量之王，然而，在消费升级的大背景下，以立顿为代表的传统袋泡茶，正在被 80 后、90 后新一代年轻消费群体所抛弃。

近两年，网红喜茶、丧茶等茶饮店市场做得风生水起，一轮"互联网＋茶饮"的热潮席卷而来。近期，小米也开始进军搅和茶行业来了，如果说和可口可乐的合作，是小米和茶行业的擦边跨界，那么若小米推出自己的袋泡茶品牌，则是真正进军茶饮领域了。

2017 年 7 月，小米旗下的"米家有品"商城低调上线第一款茶产品"平仄五味茗茶"，初次试水，小米大获全胜。

2017 年 10 月 13 日，"米家有品"商城乘胜追击，又一股脑儿上线了 6 款平仄袋泡茶。从试水"平仄，发现你的茶"到"平仄"系列袋泡茶的上市，雷军正试图采用"互联网＋"的方式打开茶市场，小米布局袋泡茶市场的思路也越发清晰。

小米创始人雷军在最开始准备进军饮料领域时，曾在接受某报记者采访时说："小米手机品牌已渐成气候，在产业链已握有一定的话语权。但是，一个只做手机的小米，是不会有真正的未来的，它的效应很快会受到阻抑。"

而今天的小米再一次打破传统思路，开始向茶饮领域拓展，这又是一次大胆的尝试。在人们印象中，小米就是爱玩创新，这么看来，小米此次选择进军茶饮行业，也不足为怪了。

其实，早在 2015 年之初，雷军就携顺为资本掷下千万美金，A 轮资本领投醉品商城（一家茶类垂直电商平台）。随着雷军进军茶领域，2016 年年底，网易丁磊也带着他的网易严选卖起了茶叶，2017 年年初，京东金融也一头扎进了茶行业，一时间，"互联网＋茶"成为投资者关注的热门。

小米的营销创意层出不穷，总是能让顾客眼前一亮，可见开放、快速、创新的互联网基因已深植其中。而传统袋泡茶产品的老化和同质化问题已经相当严重，小米进军袋泡茶领域或者能给茶行业带来一些新的变化。

作为商业模式创新的重要方法，跨越行业边界带来的创新趋势，不仅仅对高科技行业有影响，对传统行业也可能带来颠覆性的冲击。

在日新月异的今天，企业的生存之道就是迅速认识到环境的变化，并作出反应，迅速实现自我更新。 那些有着跨行业视野和经验的企业，不仅将成为无边界竞争战略的先行者与实践者，更将成为未来竞争的主导者与胜利者。

第三节　发现行业需求

企业的本能就是与时俱进，就是一种改变自身适应环境的生存能力。那些落败的大公司、好公司，只是练就了一些生存技能，却没有培养出应变市场的本能，这才是它们败亡的根本原因。在这个所谓十倍速时代，与时俱进是好企业的保命绝技。试想一下，市场变了，客户变了，需求变了，竞争格局也变了……以不变应万变只会徒增笑柄，一如刻舟求剑的死板剑客。

当然，在进入一个行业之前，不仅要对行业和产品本身做全面的分析，还必须分析竞争对手。企业如果能够正确掌握大量真实可靠的行业分析数据，进行符合实际的竞争博弈推演，并将其转化为创新能力，就有可能形成面向未来的核心竞争优势，从而创造行业价值。

做企业的人都知道，做一套 VI 形象少则几万元，多则几十万元、上百万元。有的设计公司都在自己的领域里面努力提高自己的设计水准，以增加对企业客户的要价筹码。并且因为设计人员的局限，一家设计公司每年承接的设计任务是有限的。但是，中国有几千万家中小微企业，都想设计一个 LOGO、打造品牌形象，他们不可能花几十万元请人做一套很专业的 VI 系统。同时，中国有成千上万的设计师、程序员、做营销推广的专业人员，他们都可以帮助企业设计标识，开发 APP，做营销推广。他们拥有自己的梦想，要生存、想创业、谋发展，要跟上这个互联网时代发展的潮流，而且这个群体非常庞大。这就是这个行业巨大的痛点。

如何将中小微企业的需求与这些数量庞大的专业人员对接，满足行业需求呢？

来自设计行业之外的《重庆晚报》首席记者朱明跃颠覆了设计行业。2006 年，他成立了猪八戒网，利用互联网进行服务交易，交易品类涵盖创意设计、网站建设、网络营销、文案策划、生活服务等多种行业。目前，猪八戒网有百万家服务商正在出售服务，为企业、公共机构和个人提供定制化的解决方案，将创意、智慧、技能转化为商业价值和社会价值。

排在猪八戒网前一万名的设计师的月收入都超过万元，有的甚至高达十万元、百万元。他们过去可能连找工作的机会都不多，但是因为有了这样一个平台，哪怕是远在重庆的一个农村，也可以为北京中关村的一家创业公司或者美国硅谷的一家公司来设计形象标识。

猪八戒网最大的价值来自大数据，一端聚集了中国几百万家中小微企业，而且每天还以八九千家的数量不断递增；另一端聚集了上千万个拥有专业技能的人才，而且随着现在互联网时代来势汹汹，很多机构也开始入驻平台。

这些交易沉淀下来了宝贵的原创作品、交易行为的数据，包括对卖家的能力评价数据。现在猪八戒网沉淀、积累了几百万笔交易，而这些海量数据足以让猪八戒网决策更加理性。

2014 年，猪八戒网利用这些数据引入了商标注册业务。传统的商标公司价格极为不透明，不同代理，价格可以相差一两倍。传统商标代理公司不但价格不透明、收费高，而且如果注册失败，商标代理公司也不给退款。很多商标代理公司为了抓住客户，经常过度承诺，高额收取服务费却不对结果负责，传统的商标代理公司注册通过率极低，一般也只有 40% 左右。对此，朱明跃决定在价格上做文章，降低每单服务费标准，还针对通过率低、注册不成功不退款等问题，分别制定了"一对一服务＋三道保险杆＋担保模式"，并且承诺，如果注册不成功全额退款，这样一来猪八戒网的注册通过率高达 90% 以上，猪八戒网一跃成为中国最大的商标公司。

猪八戒网从 2006 年成立以来，为上百万家中小微企业设计了品牌标识。用朱明跃的话说，马云帮商户卖产品，我们卖人。

2011 年，猪八戒网获得 IDG 投资，并被评选为 2011 年度"最佳商业模式十强"企业。2015 年 6 月，猪八戒网宣布分别获得来自重庆北部新区和赛伯乐集团的 10 亿元、16 亿元融资，完成融资后的猪八戒网执行平台零佣金制度，不再收取 20% 的交易佣金。目前猪八戒网已经成为中国市场占有率最高的服务众包平台。

中国有着广阔的市场空间，缺少的从来不是需求，而是企业满足消费者需求的意识和能力。

第四节 重新链接价值

在物资匮乏的年代，消费者对产品的需求纯粹是功能需求，企业只要能提供顾客需求的产品，就算为顾客创造了价值。

然而，随着经济的发展和需求的不断变化，21 世纪的中国企业面临着更为复杂的竞争环境，竞争对手越来越多，消费者已经不仅仅是需要产品或服务那么简单，传统的产品功能满足基本需求的时代已经成为过去时，幸运的消费者拥有了更多的选择，诸如满足需求的产品功能、过硬的产品质量、精心的售后服务等这些已经成为企业经营的基础。**如今，消费市场被无限地细分，消费者的需求趋于多样化、个性化，而市场日益呈现出变幻多端的特点。**

未来，企业需要打破消费者需求的边界，不能再"眼睛向内"，只顾及生产，而是"眼睛向外"，关注顾客需求，进行需求整合，确立以顾客价值最大化为导向的市场经营意识，最大限度地创造顾客价值增值，让顾客从企业提供的产品和服务中获得全新的满足感和价值感。

食品行业竞争非常充分，要想实现创新，为消费者链接新价值是非常困难的。然而，三只松鼠却把小坚果做成了"大生意"，通过互联网找到了颠覆性的创新模式，开创了一个以食品产品的快速、新鲜为卖点的新型食品零售模式。

（一）适销对路，打造好吃好玩的互联网品牌

三只松鼠把目标客户定位为爱玩手机又有些懒的 80 后、90 后的年轻群体，他们通常不愿意逛超市，总是希望轻轻一点，就能有人送货上门。因此，三只松鼠选择互联网做销售，从而满足了年轻人购物的便利性的需求。

此外，三只松鼠还找到了目标客户尚未被满足的精准需求——让坚果更易剥，**尽最大可能对各个消费环节给予方便和优化**，比如包装袋里有剥

壳器、湿巾、夹子、垃圾盒，方便随时食用，**让消费者有了更便利的食用体验**。还把产品包装设计成类似宠物食品，客服把自己装成松鼠一般和顾客沟通。**超萌的松鼠动漫形象、互联网品牌的定位，迎合了** 80 后、90 后**群体的心理，迅速成为网购群体喜爱的品牌。**

（二）与消费者做朋友，塑造极致体验与互动

当我们听到三只松鼠时，最先浮现在我们脑海中的并不是各种各样的坚果，而是那三只可爱、超萌的松鼠——鼠小美、鼠小贱、鼠小酷。三只松鼠充分利用了互联网的社交属性，通过生动可爱的卡通形象直接赋予了品牌以人格化。

此外，三只松鼠的客服还以松鼠宠物的口吻与顾客交流，并称顾客为主人，而客服则为宠物，可以随意地向顾客主人撒娇，从而在顾客脑海中形成更加生动的形象。

据三只松鼠创始人张燎原透露，**三只松鼠的首要任务并不是提高销售，而是"卖萌"，以期从形象上占领消费者的心智，从而建立认可度和依赖性。** 目前，"萌货、无节操、求包养"等接地气的生动形象已经成为三只松鼠的显著符号。章燎原还表示，**三只松鼠客服考核的重点是与主人的沟通，而绝非销售额。**

其实，包装袋里放有剥壳器、湿巾、夹子、垃圾盒的客户体验门槛并不高，现在已经有很多坚果类电商也在这样操作了，然而他们并没有实现超越。这是因为三只松鼠拥有一整套完备的服务模式，是其他坚果类电商所学不会的（见图 3-1）。

图 3-1　三只松鼠包装

（三）打造供应链，提高供应链响应速度

三只松鼠的卖点已经不是价格，而是商品的质量和服务。为了解决产品质量和新鲜度，三只松鼠的做法是先尽量缩短供应链。供应链管理采取的是核心环节自主管理，非核心环节外包的合作方式。首要的核心环节当然就是产品源头。三只松鼠在全国范围内寻找产品的原产地，统一采取订单式合作，并提前给预付款。原材料收购之后，委托当地企业生产加工成半成品，每一家厂商生产不超过两样产品。然后还增加了一个检验环节，之后，生产出的半成品被送回三只松鼠位于芜湖高新区的 1 万平方米的封装工厂中，或存于 0℃～5℃ 的冷库中，或保存在 20℃ 的恒温全封闭车间中。当消费者要购买时，再从冷库中拿出来。通过网络电子商务平台，实现工厂保鲜产品直达顾客的更快的速度保障，从原产地到顾客手中不超过60 天的时间。

相对于传统产品，这样大大减少了货架期，这一点，对于食品尤其像坚果类产品的质量和新鲜度是非常重要的。

三只松鼠 "疯狂的成长" 历程

2012 年 2 月，三只松鼠 5 名创业初始团队在芜湖创建三只松鼠品牌。

2012 年 3 月，获得 IDG 资本 150 万美元的天使投资。

2012 年 8 月 25 日，上线的第 65 天，在天猫坚果类目销售跃居第 1 名。

2013 年 1 月 31 日，月销售额突破 2200 万元，位列全网第一。

2013 年 5 月，再获今日资本、IDG 资本 617 万美元 B 轮投资。

2013 年 12 月 12 日，日销售额突破 2020 万元，全网食品销售冠军。

2014 年全年销售额突破 10 亿元。

2015 年第一季度销售额 10 亿元。

2016年"双11"当天，三只松鼠天猫单店仅3分钟就突破1000万元，28分钟突破1亿元，全天销售5亿元。

2017年"双11"当天，三只松鼠仅12分钟52秒销售额破1亿元，创下6年"双11"销售额破亿速度之最。

通过分析不难看出，三只松鼠成功的因素有很多，除了满足产品功能、品质、售后服务这些基本需求外，**三只松鼠尽最大可能对各个消费环节给予方便和优化**（比如包装袋里有剥壳器、湿巾、夹子、垃圾盒，方便随时食用），**让消费者享受到更便利的食用体验和购买互动体验，也从中获得了全新的满足感和价值感。**

第五节　重新塑造优势

市场营销是企业众多资源、活动以及行为的集合：从原材料采购、研发生产、仓储物流到经销商开发、渠道管理、终端促销，这些资源活动构成了一条完整价值链。企业往往只注重内部价值链的构建，而常常忽视了外部价值链的管理，比如，企业耗费巨大精力研发生产出来的优秀产品，却没有按照企业的战略要求在指定的渠道销售，造成终端促销混乱、传播推广无效。这说明即使再好的产品，没有系统化的营销能力，也不会达到理想的效果。

也就是说，如果企业的营销资源、营销活动彼此割裂，没有统一的价值管理，就会导致市场营销活动不灵活，资源浪费、成本浪费，竞争能力薄弱。

如今，面对激烈竞争的市场，企业单一的营销优势已经不能为企业带来持久的销售行为，取而代之的是系统营销优势的建立。特别是随着企业规模的不断扩大，重塑营销优势、实施系统作业、保持竞争灵活性显得尤为重要。

也就是说，重塑营销优势，企业需要构建完整的具有竞争力的营销系统。

完整的营销系统总体上在营销理念、营销模式、营销策略、营销执行、营销业绩五大方面得到充分体现。具体到企业经营层面包含以下六个部分：

(1) **产品或服务的创新与开发能力。**运用先进的营销理念进行新产品或服务的开发；新产品或服务的创新必须是独特的、区别于竞争对手并能满足顾客需求的。

(2) **打造高质量产品或服务的能力。**产品或服务的品质好坏是企业营销成功与否的关键。

(3) **营销管理的能力。**现代企业的营销竞争不再局限于单项资源或能力的竞争，而是已经扩展到价值链的竞争。企业营销的价值链管理不仅包含对分销渠道的管理，还包括对组织、人员以及服务全过程的管理。营销管理能力是创造顾客价值、传递顾客价值的根基。

（4）**品牌管理能力。**如果说产品创新与开发能力是为企业营销竞争提供产品力的话，那么，品牌管理与传播能力则是为企业营销竞争提供形象力；品牌管理在帮助企业提升知名度和美誉度的同时，还能够帮助企业提高品牌价值，从而增强企业的市场竞争力和产品溢价力。

（5）**顾客关系管理的能力。**顾客关系管理是一个连续的过程，它能够帮助企业不断地了解顾客需求，并根据顾客需求对产品或服务进行改进和提高，以达到帮助顾客创造价值的目的。

（6）**服务能力。**服务能力的提升有助于企业实现顾客价值的增值，增强销售黏性。

在市场竞争环境下，企业本身要比其竞争对手具有更先进的营销理念、更高效率的营销组织，能够迅速、有效地认识和挖掘市场机会，进行能力整合和资源整合，不断创新产品或服务，制定并运用有效的营销战略与模式，从而更好地满足顾客需求、实现顾客价值增值，并以此提升自身市场竞争地位，实现更高的赢利水平。

第二部分

互联网营销
体系创新

04

市场营销的本质

进行营销战略制定和营销模式创新之前，我们首先要解决的任务就是认知市场营销的本质。市场营销的本质是企业创新营销模式的起点和根基；好比一棵大树，如果没有根，便没有枝繁叶茂。不懂营销本质，再好的策略也终究是一种短期行为，只能昙花一现，不能给企业带来持续经营的依据。

探寻市场营销的本质是企业创新营销模式、实现价值营销的核心，更是企业一切经营行为的出发点。

第一节　由满足需求到创造价值

过去的观念认知的营销本质是提供产品、满足需求，将产品或服务变成利润的过程。**在当下商品丰富的年代，满足客户需求已经没有了壁垒，企业也很难发现客户没有满足的需求在哪里。**

当衣服遮体、食物果腹、房子挡雨的浅层次需求变得非常简单，人们的需求就会发生深层次变化。心理学家亚伯拉罕·马斯洛把人类需求分成生理需求、安全需求、社交需求、尊重需求和自我实现需求五类，依次由较低层次到较高层次递进，见图4—1。需求层次理论有两个基本出发点：一是人人都有需要，某层需要获得满足后，另一层需要才出现；二是在多种需要未获满足前，首先要满足迫切需求，该需求满足之后，后面的需要才显示出其激励作用。也就是说，人们某一层次的需求相对满足了，就会向高一层次需求延伸，追求更高一层次的需求就成为驱使人们行为的动力。相应的，获得基本满足的需要就不再是一股激励力量。

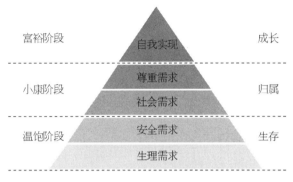

图 4-1　马斯洛需求层次理论

激烈竞争时代的突出表现就是消费大众的需求不断向深层次发展，由需求满足到价值实现。

企业在经营过程中，可以根据五个需求层次，划分出五个客户市场：一是生理需求，满足最低需求层次的市场，客户只要求产品具有一般功能即可；二是安全需求，满足对"安全"有要求的市场，客户关注产品对身体的影响；三是社交需求，满足对"交际"有要求的市场，客户关注产品是否有助于提高自己的交际形象；四是尊重需求，满足对产品有与众不同要求的市场，客户关注产品的象征意义；五是自我实现，满足对产品有自己判断标准的市场，客户对需求的层次越高，其需求就越不容易被满足。

从企业的营销角度来讲，"客户获得的满意度≈客户愿意支付的价格"，也就是说，同样的产品或服务，满足客户需求层次越高，客户能接受的产品定价也越高。

市场的竞争，总是越低端越激烈。价格竞争是将客户的"需求层次"降到最低的营销手段，客户感觉不到其他层次的"满意"，他们愿意支付的价钱当然也就越低。

这样的划分是以产品分别满足不同层次的需求而设定的。客户的满意度越高，所能达到的层次也越高。以洗发水举例：

第一层次，生理需求。客户关注"产品确实是洗发水"，只要能洗干净头发，产品价格越便宜越好。

第二层次，安全需求。客户关注"洗发水质量好"，在价格相差不是很大的情况下，选择质量较好的洗发水。

第三层次，社交需求。客户关注"产品对于交际的影响"，比如能去头皮屑、柔顺、加香味、包装精美等附加功能以及良好的品牌形象，都能让客户愿意付出更高的价格。

第四层次，尊重需求。客户关注的是"获得别人认可"，把产品当作一种身份的标志，优秀的技术、独特的包装、独一无二的功能等，甚至包括高价格都是让客户选择的理由。

第五层次，自我实现。客户已经拥有第一至第四层次的各种需求，他们对洗发水的认知已经转变为某个品牌对其生活的影响，比如品牌内涵恰好表达出客户的心里所想，也就是说洗发水的品牌精神对客户的选择影响很大。此时，**客户认知的是价值共鸣而非产品的单一功能。**

对客户需求的五个层次分析可以看出，在低端市场里的产品只需要拥有最基本的功能就可生存。然而，技术的进步使得每个产品对基本功能的拥有不费吹灰之力，企业为了保持市场份额就不得不以价格作为支点进行竞争，继而造成的后果就是利润微薄，苟延残喘。所以，企业必须放弃这一"低端"的营销手段。

传统的产品基本功能的需求满足时代已经消失，取代的将是客户深层次需求满足、为客户创造价值，这就是新环境下的营销本质。

"现代营销学之父"的菲利普·科特勒在他新版的《营销管理》中也重新定义了营销的概念：营销是个人和集体通过创造，提供出售，并同别人交换产品和价值，以获得其所需所欲之物的一种社会过程。他也将"价值"二字赋予了营销内涵。

第二节　什么是客户价值

通过上面的分析，我们对客户价值有了初步认知。在当今竞争激烈的市场和商品饱和的时代，我们应该如何诠释客户价值才能帮助企业创新营销模式、实施有效的市场竞争？

一、客户价值的定义

客户与企业间的行为发生在一系列的营销活动之中：第一是客户认知企业的产品或服务；第二是客户购买了企业的产品或服务；第三是在购买过程中得到了深层次的需求满足；第四是客户能持续不断地认知和购买企业的产品或服务。四个营销活动，构成了企业对客户价值的创造。

那么，客户价值就是客户从某种产品或服务中所能获得的总利益与在购买和拥有时所付出的总代价的比值，即顾客从企业为其提供的产品和服务中所得到的满足。

$$客户价值＝\frac{功能利益＋情感利益}{金钱成本＋时间成本＋精力成本＋体力成本}$$

如果客户不认知企业的产品或服务；或者购买了产品或服务没有得到满足；或者得到了满足但是因为竞争者比你做得更好，则属于一次性购买，而这些都不属于价值创造。客户价值创造对企业提出了更高的挑战，它不是让企业只注重产品或服务的研发和生产，而是建立客户价值持续创造的整体系统。

客户对产品或服务的总体认知效果越好，付出的总成本越低，企业为客户创造的价值就会越大。如果企业让客户付出的总成本越高，就必须让客户对产品或服务的总体认知越好。比如豪华餐厅，客户付出高价格就餐，是基于餐厅服务的良好认知：店内富丽堂皇的装修、奢华的水晶吊灯、优美的物品陈设、精美的餐饮菜肴、酒水甜点、一呼即应的服务等。

如果去街边的小餐馆，就没有豪华餐厅的环境和服务，当然客户也不必为之付出高昂的价格。街边小餐馆简单的陈设、干净的环境以及可口的饭菜同样满足了部分上班族、周边居民的就餐需求。所以说，对于不同的目标客户而言，街边小餐馆创造的价值未必会比豪华餐厅创造的价值低。

客户价值创造与产品功能无关，也与价格无关。客户的认知价值是对产品或服务的认知集合与付出的总成本的比值。也就是说，客户价值就是客户从某种产品或服务中所能获得的利益与在购买和拥有时所付出的总代价的比值，也即客户从企业为其提供的产品和服务中所得到的满足。

因此，我们要深刻理解客户价值，才能知道企业营销的真谛。

二、客户价值是一个相对的概念

客户价值是一个相对的概念。企业在营销过程中为客户创造价值的大小是与竞争企业对比得来的。竞争的过程就是为客户创造价值的过程，谁能够为客户带来超越竞争对手的价值谁就能够胜出。

客户价值没有"最大"和"最小"之分，只有"相对好"和"相对差"。用澳柯玛的一句流传至今的广告语来说，形容客户价值最恰当不过：没有最好，只有更好。

除此之外，企业获得客户忠诚的做法还有创造独特的客户价值。也就是说，企业与竞争对手相比，给客户创造的是独一无二的价值，是其他竞争对手所不能带来的。独特客户价值的创造有两种情况：

一是没有竞争对手存在的情况，只要是能提供满足客户需求的产品和服务，都可以创造价值。

物资匮乏时代，竞争对手较少，企业只要能提供客户需求的产品，就算是创造了价值。

随着经济的发展，竞争对手越来越多，满足客户需求、创造客户价值的方式越来越困难。但在特定的市场和渠道内，没有竞争对手存在，没有对比，但凡能满足客户需求就可以称为创造了独特的价值。比如火车上，乘客饿得受不了的时候，只能购买火车餐厅提供的食物；虽然火车上的餐饮价格较高，但相对于乘客的饥饿需求来讲，火车上提供餐饮服务的这种方式就是为客户创造了独特的价值。当然，火车上食物价格如果高得离谱，乘客便会带食品上车，火车餐厅同样存在竞争。

二是存在竞争对手，但是企业创造出了竞争对手所没有的产品或服务。比如有汽车服务公司最早研制出了导航仪，产品一经推出就迅速满足了汽车驾驶者的需求。这家汽车服务公司满足了客户其他汽车服务公司不能满足的需求，为客户创造了独特的价值。

面临着激烈的竞争，企业保持独特价值创造的优势时间越来越短。有可能一夜之间，你的竞争对手便模仿学会。因此，**企业的营销必须是系统的、全方位的，才能有效提高竞争壁垒。**

第三节　如何提升客户价值

因为竞争的存在，技术才会进步、产品才会更新、服务才会提升，顾客才能得到更多的价值回馈。正是因为竞争，我们的生活才会变得更加美好。也正是因为竞争的存在，企业的市场营销才变得更加复杂、企业的战略发展才变得不可预测。

企业想要超越竞争对手，获得更多的忠实顾客，就必须提供价值，同质化的竞争毫无意义。而客户价值的创造来自企业整体的营销系统，而不仅仅是销售终端的任务。

当然，价值创造并不是一味追求你的企业比竞争对手做得多好，做得多优秀，还包括比竞争对手做得哪怕好那么一点点，都能带来价值感受，并能让客户产生忠诚。

在英国伦敦市的一条大街上，新开了一家叫"罗毕"的鞋店。鞋子的款式丰富，质量也不错；但是这条街上的鞋店实在太多，同质化现象严重，竞争非常激烈，因此这家鞋店的生意一直平平淡淡。

有一天，店里进来两位时尚女性。她们挑了一双又一双的鞋，试穿了一次又一次，最后终于买了一双。付账的时候，只听买鞋的客户对同伴说：今天购物真是辛苦，一次一次地脱鞋，又烦又累。店老板心想，既然许多客户在选购鞋子时，抱怨换鞋太麻烦，若能让客户赤脚进店就少了不必要的麻烦，客户购起物来就轻松多了。

但如何能让客户自觉自愿赤脚进店呢？ 放上许多拖鞋，肯定不行，仅仅一双拖鞋是不可能让客户自觉地脱鞋的。

那该怎么做呢？

后来，店老板从一些重要场合中地上铺的红地毯得到了启发，遂决定在店内铺放名贵地毯。铺好地毯后，他将店名改为"赤脚鞋店"，又在门口设置鞋架。做好这些后，他召集所有员工，郑重地宣布：客户脱鞋进店后，由服务员代为擦鞋。然后，老板在门口贴出一份告示：店内铺有名贵地毯，客户须脱鞋进店购物，并由本店代为擦鞋。

告示公布后，许多客户慕名而来。客户进店后，感觉既随便，又亲切，而且又有人给擦鞋，结果鞋店销售额大增。

那么，对于企业而言，提升客户价值可以从以下六个维度出发：**一是帮你的客户省钱；二是帮你的客户省时；三是帮你的客户省心；四是帮你的客户省力；五是让你的客户心情愉悦；六是为你的客户提供额外的价值。**

第四节 聚焦客户

管理学大师彼得·德鲁克说：**"企业的宗旨就是创造客户，客户是唯一的效益中心。"**可以说一个企业的价值高低不在于有多少厂房、土地等资产，而在于其拥有多少客户，客户构成了企业生存的根基。

互联网时代的今天，越来越多的企业意识到客户对于企业构建新的竞争能力的重要性，那么问题来了，谁应该是企业的目标客户呢？而企业又该如何洞察目标客户的需求，从而为客户创造最优价值，并在竞争中占据优势位置？

一、谁应该是企业的目标客户

当被问及谁应该是企业的目标客户时，企业管理人员和营销人员经常会认为这是一个非常幼稚的问题。客户就在身边，每天都能看到，谁还会不知道呢？其实不然，企业的客户并不是具体的某个人，比如张三或者是李四，而是一组组具有某种相同消费习性或者偏好的群体。

在不少的企业看来，他们的目标客户只有两类：要么是经销商，要么是终端消费人群。

把经销商当作目标客户的企业大多是不接触产品或服务的最终使用者，也不关注他们的需求是什么，更不知道他们在哪里，只是一味地围绕经销商转圈。而经销商唯利是图，只会压低价格，提升自己的赢利空间。这就往往造成企业产品或服务的研发没有依据，生产出来的那些"不对路的产品"终会让客户离企业而去；经销商也最终会无情地将企业抛弃。这样的企业只是在做生意，而不是有效的市场营销行为。

企业关注的重点应该在终端客户身上，有效洞察终端目标客户需求，提供有价值的产品或服务才是企业生存和赢利的根基。

终端目标客户可分为三个不同的群体，包括核心目标消费群体、次目标消费群体、外围目标消费群体。核心目标消费群体是指产品或服务的直接使用者，这属于重度客户；次目标消费群体指产品或服务的间接使用者，这属于高频率客户；外围目标消费群体是指产品或服务的偶尔使用者，这属于轻度客户。比如强生婴儿沐浴露的核心目标消费群体是婴幼儿，次目标消费群体是包括妈妈在内的年轻女性，外围目标消费群体是包括爸爸在内的其他家人。

划分核心目标消费群体、次目标消费群体以及外围目标消费群体的目的，是更好地洞察客户需求，拓展产品或服务的消费范围，有效提升赢利空间。

然而，**企业关注的重点应该聚焦在终端客户身上，并不是说企业的目标客户仅仅是终端客户。** 所有和企业利益相关的群体都应该是企业的目标客户，包括上游供应商、下游经销商、终端客户以及企业的员工、股东、其他投资者，甚至还有社会大众。以终端消费群体为核心的目标客户群体，构成了企业赢利的全部基础。

二、如何洞察企业的目标客户

洞察目标客户，是为了随时掌握目标客户的需求变化，保证企业能够及时提供相比竞争对手更有价值的产品和服务，促成目标客户对企业的忠诚。

洞察目标客户的需求变化首先要掌握目标客户的消费习性和偏好是什么。比如我们可以列举如下问题，以帮助我们拓展洞察客户消费习性和偏好的思路。

（1）什么样的客户购买此类产品或服务？这是一个多个答案的问题，得到的答案越多越好，越有助于分析客户群的构成。

（2）客户购买此类产品或服务的原因是什么？这也是一个多答案的问题，这有助于分析更多客户深层的需求。

（3）客户何时何地消费此类产品或服务？这个问题有助于帮助了解客户的消费时间和地点，便于进行销售渠道分析。

（4）客户购买产品或服务的形式是什么？这个问题有助于帮助分析客户对产品或服务的认知价值，便于进行定价分析。

（5）客户购买企业产品或服务最主要的原因是什么？这个问题有助于分析自身企业产品或服务提供给客户的价值是什么。

（6）客户购买竞争对手产品或服务最主要的原因是什么？这个问题有助于分析竞争对手产品或服务提供给客户的价值，便于企业从对比中发现不足及时改进。

（7）无论是自己企业还是竞争对手提供的产品或服务是否满足了客户的需求？这个问题有助于分析客户深层未被满足的需求，能够帮助企业寻找新的营销机会。

客户的消费习性和偏好是在不停变化的，谁能抓住客户变化的需求趋势，谁就能找到企业营销的"康庄大道"。客户的需求变化必须在客户自己意识到之前就要捕捉到，也就是要具备前瞻性，因为机会不是留给你一家企业，如果等客户自己将需求表现出来，其他企业早就做好应对措施了。**企业在营销过程中一项重要的任务就是学会及时捕捉客户消费习性与偏好变化的能力。**

如果将客户需求进行划分，可以分为三个层次，这三个层次相互渗透和交叉，而不是递进关系：

第一个层次是潜在需求，这种需求机会所有的竞争者都能满足，比如衣服的遮体需求，手机的通话需求，瓶装水的解渴需求等。潜在需求的满足过程是发现需求的过程。

第二个层次是深层需求，这种需求存在着，但尚未发现，有待挖掘，谁先发掘谁就抓住了机遇。比如最早的时候，个人电脑的颜色很难看，只有灰色和黑色，苹果公司发现了客户其实还有对其他电脑颜色的需求，从而开发了属于自己的市场。深层需求的满足过程就是挖掘需求的过程。

第三个层次是隐藏需求，**客户有时候自己也不知道他的需求是什么，需要企业去创造。**

我们目前使用的众多商品都是在隐藏需求的背后生产出来的。比如第一部电视剧生产出来之前，人们并不需要电视机；第一部手机生产出来之

前，人们也并不需要手机等。随着竞争的加剧，商品的不停涌现，客户隐藏的需求越来越难以发现了。隐藏需求的满足过程就是创造需求的过程。

表4—1　全球洞察到客户需求变化的领先企业

编号	客户需求	客户需求变化	洞察到客户需求变化的企业
1	方便、快捷	便利、一站式	京东、阿里
2	方便、快捷	便利	百度外卖、美团
3	交通出行	节省时间、便利	滴滴、摩拜
4	产品功能	价格	欧特克
5	产品功能	产品质量	丰田
6	产品功能	快速反馈和交货	戴尔
7	产品功能，关系	低成本，便利性	史泰博
8	产品或服务	解决方案	通用电气，迪士尼，惠普
9	易获得性	花色品种多样性	家得宝
10	价格最低	价格低，节省时间	沃尔玛

备注：

欧特克（Autodesk）：是全球最大的二维、三维设计和工程软件公司，为制造业、工程建设行业、基础设施业以及传媒娱乐业提供卓越的数字化设计和工程软件服务和解决方案。

史泰博（Staples）：全球卓越的办公用品公司，在全球拥有2100余家办公用品超市和仓储分销中心，2004年，史泰博来到中国发展。

家得宝（Home Depot）：全球最大的家居建材零售商，拥有种类繁多的商品，努力以低廉的价格提供高质量的服务。客户在购买设备之前，可以先以租赁的方式试用。它的每一家分店都设有设计中心，配置受过专业训练的工作人员并免费提供有关家庭装潢的建议，还包括了电脑辅助的厨房和浴室设计。每家分店在周末都开设工作室，免费辅导客户自己动手设计制作相关装潢，同时还有对儿童开放的工作室。

第五节　发现未被满足的精准需求

谁能够关注客户的潜在需求或者能够洞悉客户需求的变化，谁就可以在重新定义客户需求上获得先机，打破领先者制胜的格局，成为这个市场新的领跑者。

当然发现未被满足的精准需求，不是想当然地把一个"泛泛的需求"当作客户所必需的需求，**比如"客户需要一匹更快的马"，在这个需求中，客户需要的是"更快"，而不是"马"，只有找准"更快"，才能颠覆"马"这个载体。**

哈佛大学营销学教授西奥多列维特说过，人们不需要四分之一英寸的钻孔机，人们需要四分之一英寸的孔。

总之，竞争的本质不是颠覆行业、颠覆产品，而是找到未被满足的精准需求，为客户创造更优价值。

很多人都知道OPPO手机的崛起，跟OPPO的拍照功能定位有着莫大的关系，近来，就连一向以发烧友、性价比著称的小米手机广告词也变成了：自拍美，拍人更美。

然而，这些在国内备受推崇的手机品牌，到了非洲却不灵了。原来，目前所有的手机相机的感光设定大都是为黄种人、白种人等肤色较淡的人种设计的，而对于非洲用户这样肤色较深的人种，却很难做到精准的识别。因此，非洲用户自拍时，经常要么测光失败无法聚焦，要么拍出来黑乎乎的一片。

当大多数品牌还在进行硬件规格竞争的时候，深圳传音公司敏锐地捕捉到了黑人自拍使用情景上的困扰，为了解决这一应用上的需求，深圳传音成立了专门的工作小组，大量搜集非洲当地人的照片，进行脸部轮廓、曝光补偿、成像效果等的分析。最终，传音找到了解决办法，生产出了能够帮助非洲用户拍出更加满意照片的手机，甚至还创造了美肌效果。深圳传音在解决非洲用户拍照精准需求功能的情况下，实现了在非洲市场的异军突起。传音手机在非洲市场的占有率高达 40%，连当地的酋长都爱用，这让传音成为非洲最受欢迎的手机品牌。

因此，企业正确的经营逻辑就是一切以客户价值和客户未被满足的精准需求为起点的创新逻辑。

经营良好的企业不在于其掌握了多少高科技技术，也不在于其拥有多少雄厚的资产，而在于其是否满足了客户未被满足的精准需求，是否创造了客户价值。

第六节　营销的核心是客户而非产品

互联网时代，信息可以无障碍地流通于企业内外，消费者能够以更广泛的角度和更快捷的方式了解企业的信息，彼此能够跨越地域和时间的隔离，频繁地把对产品和企业的评价进行互动，形成对企业前所未有的影响力。

客户的需求正从被动地在市场中获得满足向主动要求企业提供个性化产品、个性化应用方案转变，一个"客户主权"的时代正在到来。在"客户主权"的市场环境下，企业的任务并不是简单的创造市场需求、开发产品，而是及时发现并满足用户的深层次的个性化需求。

过去，以企业的视角"从内往外"的经营思维将一去不复返，我们必须将企业进行营销的重心转移到客户身上。企业要更加重视客户的权益，紧密围绕"为客户创造价值"的市场本质来从事市场营销工作。

戴尔营销的成功从表面上看是得益于"直销"模式，但本质上戴尔的成功源于营销体系背后的尊重"客户主权"：通过收集客户的需求信息，依据客户的个性化需求提供满意的产品和服务。

服装行业的ZARA，这个被业界称为"快时尚"的西班牙服装品牌与传统模式大规模生产、批量供应背道而驰，其制胜的核心就是反应快速、量少品种多、时刻追逐潮流，一种款式只有几件，满足客户个性化需求。未来，服装行业的定制模式会越来越多地受到客户的青睐。

"客户主权"的本质是对目标客户需求的"量身定制"，也就是C2B，而不是B2C。企业不再停留于售前、售中、售后服务的层次上，而是以客户为中心贯穿于企业生产、销售、管理、技术支持的全过程，实现了企业和客户的零距离接触。

思科公司CEO约翰·钱伯斯说：**"我们之所以成功，就是因为我们一直把手指搭在客户的脉搏上。"**

美国FORRESTER研究公司发布的一份调查报告认为，互联网时代将在客户应拥有的权力方面信奉一整套全新的规则——**信息无处不在、个人信息有价值、选择是一种人权、世上存在免费的午餐、建立信任无须进行面对面的交流，**充分肯定了客户在市场中的中心地位。

企业发展正从"企业主导"向"消费主导"过渡，从产品功能满足进而向深层次、个性化满足转变。我们越来越清醒地认识到，企业的持久发展源于客户价值的创造。

互联网时代，只有聚焦客户，尊重客户的主权，才能更好地满足客户需求，提升客户满意度，企业才有机会获得市场，产业才能够健康发展。

05

重新定义企业价值

　　中国企业在过去的传统经济时代增长速度非常快，很多企业从小小的企业成长为规模超十亿、百亿甚至千亿的公司，但是我们总结过去的企业发展模式时，发现大部分的中国企业都是过度的资源投放，而不是真正的价值成长，这些企业透支了自然资源、劳动力资源，甚至客户资源。

　　而在今天，我国经济进入了以服务经济、知识经济主导的"新经济"时代。经营环境和客户的成长需要企业做出改变，转变成长方式，在企业获得高速成长的同时，也获得价值认可，明确企业成长所需要的真正价值。

　　当人们试图探索阿里巴巴和新东方的成功之道的时候，可以看看阿里巴巴的天条、新东方的精神所具有的决定作用，马云和俞敏洪所努力维护的正是企业价值，是企业成员必须遵守的宗旨，换而言之，就是企业发展的核心需求是企业价值。

　　重新定义企业价值，就是要求企业时刻检讨企业与客户、与环境、与变化、与未来之间的关系，保持与企业和环境的互动。更重要的是，需要基于人的发展来展开企业的经营活动，而不是围绕着获得利润展开经营活动。

第一节　价值营销

同样都是酱香酒，茅台能够卖到几千元一瓶，并远销全球，可谓是白酒界的"No.1"。所以，想让消费者去购买这款产品，商家就不能把它看成一款单一的产品，而要根据消费者的诉求去挖掘它的价值体验，这就是我们所说的价值营销。

一、什么是价值营销

所谓价值营销（Value Marketing）是指导企业通过发现、创造、沟通、传递、实现客户价值，构建客户价值最大化的价值链管理体系，来服务于客户、赢得客户、留住客户，从而提供实现企业利润的理念、方法和工具。

传统的营销是基于产品、价格的营销，其目的是市场份额，而价值营销的目标是客户价值份额，两者的对比见表5—1。

表5—1　产品营销与价值营销对比

产品营销	价值营销
从产品出发	从客户出发
驱动力：技术创新和流程优化	驱动力：客户需求和洞察
利润最大化	客户价值最大化
关注市场份额	关注心灵份额
交易型模式	关系型模式
有可能陷入无法避免的价格战	品牌溢价保护
建立短期的产品优势	建立长期的品牌优势
无法积累	可积累，重复使用的平台

现在的市场中，由于诸多因素，产品滞销，大多数企业就认为是产品已经缺乏竞争力，急忙加大广告投入、提高促销力度、升级或淘汰产品

等，最常用的方法就是降价。降价在促进销售的同时也失掉了利润，并且有可能对品牌的形象造成损伤。单纯的降价在今天的市场环境下已经显得低级且苍白无力，那么，有什么方法可以在不降价的情况下达到促进销售的目的呢？

只有通过塑造产品价值，才能最终形成最强劲的销售力，这种潜在的、独特的价值甚至比一个产品事实的优点更"硬气"、更稳定、更牢固。它可以避开消费者的理解，并在其下意识中扎根。

二、如何进行价值营销

要想做好价值营销，首先我们要有敏锐的洞察力，只有发现了价值，才能进一步地开展价值营销。

到底该如何发现价值，并做好价值营销呢？那就要先明确做好价值营销途径，即物理溢价与心理溢价。

所谓物理溢价，指的是从某一款产品的自然属性出发，对产品自身的价值点进行包装，如包装、稀缺、地理、品质等形式。而心理溢价，则是指从产品的内涵出发，创造条件寻找对自身有力的价值点进行打造，如身份、历史、等级等。

下面从物理溢价和心理溢价两个方面分析如何进行价值营销。

▶▶ 物理溢价

1. 品质——品质是灵魂，只有高品质的产品才能卖出好价钱

1997 年苹果接近破产，乔布斯回归，砍掉了 70% 的产品线，重点开发 4 款产品，使得苹果扭亏为盈，起死回生。2007 年推出了第一款 iPhone，即使到了 5S，到了"土豪金"，也只有 5 款。精简产品线，专注于产品设计，产品品质，这也是苹果成功的一大关键。

海尔冰箱、格力空调、苹果手机、耐克球鞋……**它们之所以能够成为世界名牌，很大程度上是在于它们对于产品品质的极致追求。**

在市场经济快速发展，企业间竞争日趋激烈的今天，产品品质对于一个企业的重要性日益明显，产品质量高低是企业有没有核心竞争力的体现之一，提高产品质量是保证企业占有市场，从而能够持续经营的重要手段。一个企业想做大做强，就必须在增强创新能力的基础上，努力提高产品质量和服务水平。

纵观国内外，每一个长久不衰的知名企业，其产品或服务，都离不开过硬的质量。所以，质量是企业的生命，是企业的灵魂，任何一个企业要生存和发展就必须千方百计致力于提高质量，不断创新和超越，追求更新、更高的目标。一个企业唯有不懈追求，精益求精，方有希望处于领先之列。

2. 稀缺——物以稀为贵，越是稀有的东西越是抢手

稀缺效应也是近年来在营销界比较受欢迎的一种形式，正如人们所说的：**越是不能得到的东西越是想得到。**

某一东西很多人喜欢它并希望占为己有，但只有少数人或某一人能获得它。这时对这一东西的稀缺度就相对较高，如书画家的原作，就是因为相对的稀缺度高，从而显得宝贵。

有的东西只有某人拥有或极少几个人拥有，这东西就显得宝贵了，从而产生"占为己有"的心理与行为。

在稀缺效应下，衍生的"饥饿营销"行为，也是开展价值营销的重要手段之一。

▶ **心理溢价**

1. 分级——层层等级划分，区分优良差

分级也是价值营销最常用的方式之一，将事物分为三六九等，甚至不惜打击竞争对手，而将自己列在高高在上的某一级别，然后通过比较，自己的身份很快就彰显出来了。

消费者需求偏好与购买行为是个变量，对于企业营销策略要求存在较大的差异，这使等级营销表现形式多样化。由于消费水平的不一致，导致消费需求也相去甚远，一般而言，可以从三个层面进行衡量。

第一，将产品分为高档品与低档品。

第二，消费者仅按收入分为高收入者与低收入者。

第三，分析经营策略中的价格、出售场所、服务等消费者最关注的经营要素。

当头屑上升为职业形象时，海飞丝的价值就凸显了；当人的皮肤如同干枯的树叶时，护手霜的价值就凸显出来了；当牙龈出血导致牙周病时，云南白药牙膏的价值就凸显出来了……

正是由于消费者需求的不一致性，通过分级形式，来塑造产品价值才具备极强的可行性，特别是对于新品牌开拓市场有着极强的借鉴意义。

2. 身份——价值完全彰显身份，身份又可以烘托价值

身份是价值营销的一个极为重要的关键点，**一个产品，只有塑造出尊贵的身份，高端的形象，最终才能拥有高价值，卖出好价钱。**

商品除物理属性功能外，还有一些其他的功能，尤其是奢侈品或价格昂贵的商品，比如名车、珠宝、手表、服饰等，它们已经不仅仅是代步工具、装饰品或计时工具那么简单，更具有表达，甚至张扬拥有者个性品位与身份地位的作用，对于这样的商品，强调身份就十分重要了。

随着生活水平的提高，人们对于自身地位的提升日益凸显出来。由于经济的发展，生理、安全需求这些最基本层次的需求，已经远远不能满足人们对于生活的需求，**得到社会的尊重，实现个人价值，已经凸显出来。**显然，只有高价值塑造的产品，高端的形象最终才能满足人们自身身份和地位的需求。这也为价值营销，提供了绝好机会。

"水中贵族——百岁山"很显然就是一种"高逼格"的价值营销，言外之意就是"喝百岁山矿泉水的人都是贵族"，外加上数学家笛卡儿与瑞典公主克里斯汀的唯美爱情故事的高端形象的塑造，百岁山的身份和地位就显现出来了。

3. 历史——有历史、有故事的产品，总是不会差的

一个品牌记录着一段历史，展现一个企业的核心实力，**当产品被赋予历史和故事，才能开启消费者内心的情感价值，一旦符合大众心理，就会**

取得巨大成功。

国窖 1573，源自 1573 国宝窖池群！正是这种对于历史和品牌故事的挖掘，才让国窖 1573 的价值感得以提升。

只有给予品牌深刻而丰富的历史文化内涵，找准品牌的历史文化价值，并充分利用各种强有效的内外部传播途径形成消费者对品牌在精神上的高度认同，才能创造品牌信仰，最终形成强烈的品牌忠诚。赢得顾客忠诚，赢得稳定的市场，增强企业的竞争能力，为品牌战略的成功实施提供强有力的保障。

一个品牌只有延展出历史和故事，才更容易映入消费者的脑海之中，才显得更有格调、更有内涵，引发人们的联想。优秀的品牌历史、品牌故事可以赋予品牌强大的生命力和非凡的扩张能力。

企业应充分利用品牌的美誉度和知名度进行品牌延伸，进一步提高品牌的号召力和竞争力，从而创造出非凡的价值。

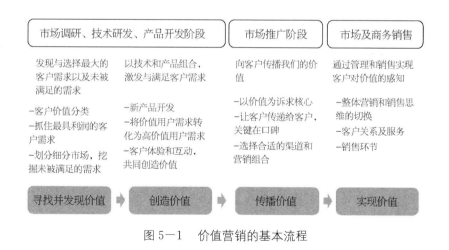

图 5—1　价值营销的基本流程

三、企业价值营销的营销组合

企业价值营销，应在有形竞争和无形竞争上下功夫。有形竞争即实物（产品）含量竞争；无形竞争即环境、品牌和服务等竞争。企业要在产品质量、产品功能、开发能力、品牌形象等方面进行创新和提高，优化价值竞争的群体组合，实现创造价值经营，拉开与竞争对手的差异，不断创出新的竞争活力。围绕顾客价值的最大化，"价值营销"提出了以下营销组合：产品价值、服务价值、品牌价值、终端价值和形象价值，具体见表5－2。

表 5－2　企业价值的营销组合

产品价值	通过产品创新，重整产品价值，摆脱产品同质化引起的价格竞争。价格战的起因之一是产品同质化太过严重，因此重整产品对顾客的价值，对产品进行差异创新，是应对价格战的有效利器之一。其主要方法有：采用新技术，改进产品的质量、性能、包装和外观式样等。
服务价值	通过服务增加产品的附加价值，在同类产品竞争中取得优势。在企业行为上做出严格要求，无论在什么地方，产品一到，服务就到了。
品牌价值	从以产品为中心的营销转变为以品牌为中心的营销，有效避免以产品为中心的价格战。品牌不仅是企业的品牌，同时也是消费者的品牌，消费者往往从品牌的体验中感受到产品的附加价值从而从感性上淡化产品的价格。
终端价值	终端价值强调的是差异化的终端建设，通过超值的购买体验强化客户终端价值，从而淡化价格对客户购买的影响。
形象价值	在消费社会中，商品的形象价值变得越来越突出。一个商品的形象价值常常与它的实际使用价值并不成正比。商品的形象价值的生产、创造和被认可、接受乃至流行，对于消费生产与消费活动来说都是至关重要的。

第二节　企业价值定位

"人们不需要四分之一英寸的钻孔机，人们需要四分之一英寸的孔！"

——哈佛大学营销学教授西奥多列维特

企业竞争的本质是为客户创造更优价值，而不是比竞争对手做得更好。如果仅仅盯着竞争对手，忽视客户的精准需求，你的企业一定不会胜出。

有一家日本家庭用品公司想要开发咖啡壶市场。这家企业做了市场调研，发现竞争对手的咖啡壶在 10 分钟内就可以煮出咖啡。当调研顾客是希望拥有"10 分钟"煮好还是"7 分钟"煮好的咖啡壶时，答案均偏向于"7 分钟"。因此，这家企业要求工程师设计一款在 7 分钟内便可以煮好的咖啡壶。

结果这款产品失败了，因为这种比竞争对手"快 3 分钟"的价值顾客并不需要，顾客需要的是"味道更好的咖啡"，而不是"更节省时间的咖啡壶"。

假如你的主要着眼点是在竞争上，总是想在游戏规则内击败对手，便没办法退一步去问问顾客固有的需求和产品的本质到底为何等问题。

很多企业总是想在游戏规则内击败对手，这是错误的。**我们应该跳出竞争误区，围绕客户未被满足的精准需求去创造独特价值，而不是比竞争对手做得更快、效率更高。**

假如公司的目标是想为顾客提供更好的服务，那么首先一定要了解为什么顾客要喝咖啡。在这之后，你才有办法为他们设计出合乎需求的咖啡壶。**与其做个 1000 人的问卷调查，倒不如深刻洞察每位客户的精准需求，这样才能把握住他们真正想要的是什么。**

一、什么是价值定位

价值定位是指企业了解顾客的需求，确定如何提供响应每一细分顾客群独特偏好的产品与服务的筹划。选择正确的价值定位是商业模式设计至关重要的一步，也是价值网络构建的依据。

二、价值定位三要素

（一）价值主张

公司将对潜在的有利可图的顾客提供什么，它要解决的是传递何种价值观念的问题。

（1）超级服务。即一种顾客渴求的、在提供或执行水平上产生了质变的服务。有了质变的服务能使顾客满意，同时也能使服务提供商与众不同。超级服务可由产品易于获得、相关的信息、优质的服务或容易退换货所构成。快捷、可靠的产品或服务交付，而顾客又不用额外的支付，这是超级服务最有效的形式。世界第三大水泥生产商 Cemex 是一家将灵活性作为其标志的公司，它的准时交货标准是 20 分钟以内，而竞争对手却是 3～4 小时。它曾被评为世界上 100 家管理最好的公司之一。

（2）方便的解决方案。随着顾客需求的提高，**顾客不再只是寻找产品，而是寻找解决方案，对方便完整的解决方案的需求变得更加强烈。**

如当当网的出现，打破了人们购书上书店的传统习惯。顾客在家上网购书不但可以享受打折优惠，还可以送书上门。当当网的网上卖场，尽管没有现场选购的方便，但解决了相当一部分顾客出门购书耗时的问题，为顾客带来了轻松、便捷的消费体验。

（3）个性化。工业化标准、大规模生产正在被大规模定制生产所取代。个性化提高了购买者的效用，使顾客被允许从广泛的但受约束的选择集中选择喜爱的产品或服务。大规模个性化生产的最完美形式是按订单生产，产品和服务是根据准确的、顾客指定的规格而产生的，这就避免了传统的错误需求预测和备货生产所产生的费用。

红领西服的 C2M 平台即大数据平台，支持多品类多品种的产品在线定制，并于 7 个工作日之内交付，由此开创了工业 4.0 时代的服装定制模式，成为行业商业模式的颠覆者。

（二）客户选择

客户选择是指企业的产品或者服务的针对对象，它要解决的是为谁创造价值的问题。在不少市场，不是所有的客户都是有利可图的，这是由不断下降的毛利润和不断增加的服务客户的成本多样性引起的。因此，用户价值定位与目标顾客必须保持一致，即提供的产品或服务必须是针对正确的顾客群。正确的顾客群是指：①顾客对所提供的服务给予高度的重视；②这些顾客服务是可赢利的。

（三）价值内容

价值内容是指企业将通过何种产品和服务为顾客创造价值，要解决的问题是：企业准备向目标顾客传递何种形式的价值。价值内容可分解为功能价值、体验价值、信息价值和文化价值四种。

（1）功能价值。是指产品/服务中，用于满足顾客某种使用需要的基本物理属性。

如早期的福特创建流水生产线，大规模地生产 T 形汽车，关注的只是"让每一个美国家庭用上汽车"。但很快就被后来居上的通用汽车颠覆了，它实施的是多品牌战略，细分不同客户群满足其需求。然而时至今天，特斯拉颠覆了所有的传统汽车品牌。

（2）体验价值。是指根据顾客个性化的需求提供的一种难忘体验。

三只松鼠是一家坚果食品网商，它的产品体验从你收到包裹的那一刻就开始了。每一个包装坚果的箱子上都会贴着一段给快递的话，而且是手写体——"快递叔叔我要到我主人那儿了，你一定要轻拿轻放哦，如果你需要的话也可以直接购买"。打开包裹后会发现，每一包坚果都送了一个果壳袋，方便把果壳放在里面；打开坚果的包装袋后，每一个袋子里还有一个封口夹，可以把吃了一半但吃不完的坚果袋儿封住。令你想不到的还有，袋子里有备好的擦手湿巾，方便吃之前不用洗手。三只松鼠将体验价值做到了极致，也使三只松鼠成为坚果第一品牌。

（3）信息价值。是指顾客在购买或使用某种产品或服务的时候，能够向他人传递某种信息，从而产生价值。

湖南中烟工业公司将芙蓉王定位为高档香烟，诉求"传递价值，成就你我"，广告常采用高档休闲运动高尔夫或者高档汽车做背景，时刻传递其不同寻常的价值。此时，顾客看重的是能够传递高贵身份的信息。

（4）文化价值。是指产品或服务中包含的，能够为顾客带来归属感的某种文化属性。

星巴克的"咖啡文化"之所以闻名遐迩、深入人心，根源不仅仅在于其对星巴克品牌核心价值的文化诠释、文化呈现，更重要的，还在于其在对消费者透彻洞察基础上的全方位"文化植入"。

三、企业价值定位的方法

1. 根据产品的特性定位

产品特性包括生产制造该产品的技术、设备、生产过程以及产品的功能等，也包括与该产品有关的原料、产地、历史等因素，这些特质都可以作为定位要素。

日本电器、瑞士手表强调的是产地及其相关因素，国窖1573是以历史定位，裘皮大衣是以原料定位，而"本产品是引进德国先进设备制造的"广告词所强调的重点则在产品制造的设备上。

2. 根据产品能给顾客提供的利益定位

产品利益定位不是告诉顾客本企业（品牌）的产品（服务）具备什么样的特性，而是告诉顾客，这些属性对于顾客具备什么样的功效，或者能够给顾客带来什么利益。经常采用的产品功效或利益层面定位包括适用性（移动全球通——随时随地传信息）、可靠性（日丰管——保用50年）、安全性（沃尔沃——最安全的汽车）、性价比（沃尔玛——天天低价）等。

3. 根据质量和价格定位

质量和价格本身就是一种定位。人们一般认为，高质就对应高价，所以高质高价就可以作为一种定位方式。但也有的企业反其道而行之，例如，华为手机，质高而价不高，使顾客价值得到提升，并提高了企业的竞争力。

4. 根据企业的竞争地位定位

根据企业在市场上的竞争地位，可以将企业分为市场领先者、市场挑战者、市场追随者和拾遗补阙者。竞争地位的差别也提供了一种定位方式。

我们可以说出世界第一高峰，但可能说不出第二或第三，就像我们只知道腾讯 QQ 是中国最大的聊天工具，而不知道谁是第二大聊天工具一样。

中美公司的价值观对比见表 5—3。

表 5—3　中美公司价值观对比

	美国公司价值观	中国公司价值观
产品目标	做出改变世界的产品	改变生活 单一的商业或者财务诉求
技术目标	技术怎么改变人类社会认知 对人性带来深远的影响	研究技术本身
发展目标	汇聚人才 引领使命	吸引用户 赢得投资

5. 根据核心意愿进行定位。核心意愿，即根据信念、价值或情感等抽象层面进行定位。正如品牌专家马克·戈贝（Marc. Gobe）所指出的那样，成功的品牌必须带领消费者进入一个更深层次的、普遍的情感空间。一些卓越的品牌往往在这一层面进行定位，如联邦快递——使命必达；海尔——真诚到永远；平安——买保险就是买平安，这些企业都是根据核心意愿进行定位。

第三节 由卖产品到解决问题

顾客的真实需求不是一件产品，而是产品背后能够实现的功能。**当今时代，是顾客主宰市场的时代。是我喜欢我选择、我不喜欢就不选择、你干着急也没辙的时代。**

越来越难"伺候"的顾客处在极度丰富，然而高度同质化的产品中，处在眼花缭乱、无奇不有的广告喧嚣中，凭什么让他掏钱来选择你的产品？是你的产品好吗？是你的技术先进吗？

其实不是，**在当今科技发达的时代，技术与产品的质量已经成为市场的准入证，而真正决定顾客购买的因素一定是产品背后能够实现的功能，也就是说，谁能洞察和满足顾客未被满足的精准需求，谁就能获得顾客信赖。**

根据马斯洛需求理论，并结合华智晟远多年营销实践，我们将客户需求分为五个层次，由低到高依次是产品、服务、方案、一体化/系统、解决问题。

(1)产品。产品是指能够供给市场，被人们使用和消费，并能满足人们某种需求的任何东西，包括有形的物品、无形的服务、组织、观念或它们的组合。产品是顾客需求的最低层次，也是企业营销的第一个层次，满足的是顾客最浅层次的需求。顾客购买到的是看得见、摸得着的实物，能够带给顾客直观感受，产品的好坏一目了然。顾客购买的是产品本身，企业满足的是产品本身带给客户的价值。诸如解渴的水，保暖的衣服，代步的工具，生存所必需的物品。

(2)服务。服务是指一方提供给另一方的不可感知且不导致任何所有权转移的活动或利益，它的本质是无形的，它的生产可能与实际产品有关，也可能无关。营销服务是为顾客提供更多的便利，顾客买的也不是你的产品，而是你的服务精神、服务态度和服务艺术。没有服务支撑的产品与企业都是短命的，优秀的企业首先是服务型企业。

（3）**方案。**方案是指针对顾客的若干需求以及若干问题，提供一个一站式解决的方法，并能够确保有效地实施和执行。随着顾客需求的多样化和复杂性，有时单一的产品或单一的服务很难满足顾客深层次的需求。这就需要企业创新营销模式，为顾客提供一种解决若干问题的方案，其目的是帮助顾客创造价值，实现企业竞争力的提升。

（4）**一体化/系统。**一体化/系统是指多个原来相互独立的、零散的东西，通过某种方式进行有序的整理、编排，逐步形成在同一体系下彼此包容，相互合作的整体。随着顾客需求的不断变化，产品、服务以及方案已经难以满足顾客需求，顾客需要整体地或者全面地满足其需求。企业价值的升级也就体现在能够全面而系统地为客户创造价值。

（5）**解决问题。**顾客的终极需求就是解决问题，它是指顾客在发生购买意愿的最原始动因。企业为客户提供的产品/服务以及方案或一体化/系统，都是在不同层次解决顾客需求，都是在解决顾客过程需求，而掌握市场竞争主动权的，是最终能够帮助客户解决问题。

作为设备公司，利乐公司不仅为乳品企业提供包装设备，还帮助中国乳品企业制定市场营销规划，帮助中国乳品企业谈判建立分销渠道网络，帮助中国乳品企业协助建立零售终端，同时把世界级的零售管理方案拿过来供中国乳品企业使用。为了培育中国乳品市场，利乐公司从整个乳品产业链入手，从奶农到生产，从生产到消费，全方位为中国乳品企业服务，使乳品企业在中国市场腾飞，成就了乳品企业的同时，也使利乐自身成为行业背后最大的赢家。

第四节　营销需要系统

营销工作是一个有机整体，产品、市场、传播、渠道、销售人员……环环相扣。面对复杂多变的市场环境，只有团队协作，制定出灵活多变的营销策略，快速反应，才有可能取得成功。

一、营销系统概念

营销是企业进行竞争的系统行为，而不仅是营销部门的工作，它是企业全员化参与的经营行为。

企业全员化营销包含了四方面的内容：一是内部营销，即确保组织中的所有人员都遵循相应的营销原则，特别是公司高层管理人员；二是整合营销，即确保公司运用各种手段或方式来创造、交付和传播价值，并且是以最佳方式组合起来加以运用的；三是关系营销，与顾客、渠道成员和其他营销伙伴建立起恰当的多重关系；四是绩效营销，测量并管理营销活动和营销项目的投资回报率，并综合考虑其广泛的影响，特别是法律、伦理、社会和环境营销。

营销不是产品定位、渠道建立或者广告传播，也不是创新的服务方式，而是来自系统的、全方位的整合。营销系统需要在企业发展战略的指导下，各种经营有机地结合起来，互相联系、互相配合、互相协调的基础上共同发挥作用。

营销系统包括：对市场外部环境和竞争的有效分析：企业根据自身资源、能力进行规划；将规划付诸实施：根据竞争态势不断调整和改进；最后达到最佳效果，实现设立的目标。

二、营销系统的内容

营销系统可分为三大系统：

（1）生产系统。 生产系统指的是提供可交换的产品、服务，以为客户价值提供满足。它包含两个层面，一个是物供系统，即为企业生产经营，提供物料需要供给，包括设备材料、办公设施、厂房、运输工具等的提供。另一个层面是技术系统，技术系统一方面要为企业的生产解决工艺设计问题；另一方面，又要为企业的生产解决产品技术创新问题。企业生产什么性能的产品，用什么方式进行生产，是企业市场战略的重要内容，也是企业能否在激烈的市场竞争中获得一席之地的关键所在。

（2）品牌系统。 客户要购买某个企业的产品或服务，并不是仅仅因为这个企业能够提供这种产品和服务，而是它确信这个企业所提供的产品和服务，能够为他带来效用和价值满足。所以，企业要实现与客户的价值交换，仅仅把产品和服务生产、提供出来是远远不够的，还必须让客户认知、认同企业及其产品和服务的效用和价值，使之感到他购买这种产品和服务，一定能够得到他所需要的效用和价值。

品牌识别系统就是谋求社会、客户对企业及其所生产经营的产品、服务的效用价值的认知和认同，使客户对企业所提供的产品和服务产生购买欲望。

（3）销售服务系统。 销售服务系统是全过程地为客户购买企业的产品和服务提供方便，使客户方便地了解产品、购买产品、使用产品。企业与客户进行交换获得销售收入得通过它来最终实现。

第五节　营销需要战略

战略营销着眼于企业的长久生存，以竞争为企业发展的动力，以获取最终的客户价值为目标，通过对战略环境的分析，不断培育企业的营销资源、营销能力与营销执行力，做出最适合企业发展的战略决策。

一、何谓战略营销

所谓战略营销，是指以营销战略为主线和核心的营销活动，需要提升到战略高度来认识，要用全局的、长远的观点来策划企业的营销活动，因为企业的营销活动的成败决定企业的存亡，所以必须有一个战略的观念。企业的一切营销活动必须有营销战略指导，保证营销战略的实施。

战略营销涵盖了整个企业从生产到销售，包括生产过程和流通过程的一切活动，是站在企业战略制高点上发现成长性的潜在需求、寻找企业与竞争对手之间的差距，将企业的营销活动融入企业的竞争战略之中，进而使企业的营销活动以获取竞争优势为导向，并通过获取竞争优势以最终保证企业能够实现可持续发展。

二、如何打造企业战略营销模式

战略营销是建立在客户细分基础上的精细化的营销模式，它的秘密就是：细分、聚焦、增值。

1. 客户细分

今天的市场已经告别传统经济时代，进入真正的买方市场，消费者的个性化需求成为引导消费的主流。因此，战略营销强调对客户进行精细化的细分，细分标准是客户需求，根据需求的不同划分客户群。同时企业资源是十分有限的，每个企业的能力都有其特殊性，企业能够对客户群提供的价值也存在一定的差异。因此，并非所有的细分客户群都是企业的目标客户群。

选择企业目标客户群必须遵循两条基本原则，第一，如果没有足够的能力，不要试图定位于所有的客户群，那样只会分散企业有限的资源；第二，不一定最有价值的客户就是企业应该定位的客户群，只有最适合自己能力和资源的客户群才是最好的细分客户群。要尽量避开强势竞争对手更适合的客户群，除非要通过竞争吞吃竞争对手。

2. 客户聚焦

资源永远是稀缺的，企业经营的一项重要的职能就是整合资源。如何用最少的资源实现最大的收益，让每一分钱都能产生实实在在的效果，这就需要企业集中有限的资源，从客户需求出发，规划企业的营销方案，并构建企业的运营实施系统，为企业的目标客户提供更多的价值。

成功的企业是让所有人都对客户负责，通过客户细分，让公司所有员工在日常的工作中，都清楚地知道，自己在为哪些客户研发产品、制造产品，为哪些客户提供服务。这个聚焦的焦点只有一个，那就是客户，因此战略营销的聚焦是客户聚焦。

也就是说，在客户细分基础上，定义客户价值，同时对公司进行营销管理系统的整合，建立以客户为中心的组织，强化员工的客户意识。**让公司的员工都为客户设计和生产产品，而不是为老板设计和生产产品，更不是为自己设计和生产产品，让营销人员准确地传递客户价值，客户服务人员都体现客户价值。**

3. 客户增值

客户增值是指企业为客户提供超出基本服务范围的能给客户带来附加价值的各种延伸服务。客户增值以为客户创造价值为出发点和直接目的，为企业创造价值是其自然结果和间接目的。

当企业为客户提供超出预期的服务时，客户的满意度就会提高，客户就愿意成为企业的忠诚客户，并持续购买企业产品或服务。比如，你的客户需要一台包装机，你在为客户提供包装机的同时，派人上门安装，同时提供设备使用培训，并为客户推荐优质低价的包材，帮助客户解决生产及销售问题，那么客户满意度必然提高，与客户必然形成长期持续的合作。

06

创造新的市场空间

"优秀的公司是满足需求，而伟大的公司是创造市场"。**传统的思维是囿于现有市场被动接受竞争，而创新的思维是跳出现有市场主动寻找机会。**

全球化的今天，企业的发展是无疆域的。你企业的市场可以拓展到世界的任何一个角落，前提是你要有足够的创新能力。

吉姆·柯林斯在《从优秀到卓越》一书中写道："研究表明技术创新已经不再是伟大的公司区别于优秀公司的要素，这并不意味着技术创新不重要，而是说光有技术创新已经不够了。

竞争残酷的今天，企业要想基业长存，必须超越技术层面的创新，进行市场营销的创新，创造更大的顾客价值。"

因此，企业要学会建立驱动市场的意识，并围绕着企业战略和未来远景创建属于自己的目标市场，针对目标顾客挖掘需求和创造需求，而不是简单地仅以市场为导向的竞争。

第一节　如何细分市场

市场细分的概念是美国营销学家温德尔·史密斯最早提出的。此后，菲利浦·科特勒进一步发展和完善了温德尔·史密斯的理论，并最终形成了成熟的"STP理论"。

"STP理论"或称市场定位理论的关键在于选择确定目标顾客。根据"STP理论"的观点，市场是一个综合体，是多层次、多元化的消费需求集合体，任何企业都无法满足所有的需求，企业应该根据不同需求、购买力等因素把市场分为由相似需求构成的消费群，即若干子市场，这就是市场细分。

企业可以根据自身战略和产品情况从子市场中选取有一定规模和发展前景，并且符合公司的目标和能力的细分市场作为公司的目标市场。随后，企业需要将产品定位在目标顾客所偏好的位置上，并通过一系列营销活动向目标顾客传达这一定位信息，让他们注意到品牌，并感知到这就是他们所需要的。

具体而言，市场细分是指根据顾客需求上的差异把某个产品或服务的市场划分为一系列细分市场的过程。目标市场是指企业从细分后的市场中选择出来的决定进入的细分市场，也是对企业最有利的市场组成部分。而市场定位就是在营销过程中把其产品或服务确定在目标市场中的一定位置上，即确定自己产品或服务在目标市场上的竞争地位，也叫"竞争性定位"。

"STP理论"的第一步是市场细分（Segmenting），根据购买者对产品或营销组合的不同需要，将市场分为若干不同的顾客群体，并勾勒出细分市场的轮廓；第二步是确定目标市场（Targeting），选择要进入的一个或多个细分市场；第三步是定位（Positioning），在目标市场顾客群中形成一个印象，这个印象即为定位。

杰克·特劳特的"定位理论"为细分市场中的"定位"做了更详尽的说明：为竞争对手贴上负面标签，从而建立正面定位，它强调的是在顾客的心智层面建立认同，利用顾客已有的观念构建差异化形象，也就是如何在顾客的头脑中寻找认知点。

无论是"STP理论"还是"定位理论"都为企业在市场中赢得成功起到了积极的作用，但是"细分市场"和"定位"不是实现企业营销竞争的核心和全部，这些"创意营销"已经不能为企业带来持续的竞争优势，企业需要价值营销。

迈克尔·波特在他最新版的《竞争论》里有过这样的描述，"定位曾一度是战略的核心，现在则过于静态，不再适合今天生气蓬勃的市场与快速变迁的技术而遭到扬弃。根据新的教战守则，竞争者能迅速模仿任何市场定位，因此定位所形成的竞争优势，充其量只是暂时性的。"

因此说，**如今企业的市场细分不只有解决目标市场和定位那么简单，还包括如何为顾客创造更多价值，如何保持长久竞争优势以及实现持续赢利的问题，也就是说企业需要一个系统的营销模式来应对竞争。**

那么，我们就可以这样理解"新市场细分"理论，即寻找细分市场、占领细分市场、扩大细分市场，甚至独占细分市场。"新市场细分"的具体实施步骤如图6-1。

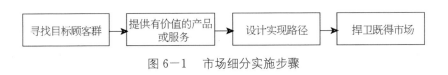

图6-1　市场细分实施步骤

第一，寻找目标顾客群。围绕着企业战略和未来远景创建目标市场，也就是发现未被满足的市场或者创造一个全新的市场。比如通过挖掘需求和创造需求吸引目标顾客；通过产品创新或者服务创新吸引目标顾客；通过优化解决顾客问题的能力吸引目标顾客。

第二，提供有价值的产品或服务。通过深入研究顾客的需求和行为，重新定位企业提供的产品或服务，构建一个与众不同的价值提供方案。比如，满足顾客若干需求而不是单一需求；提供满足顾客需求且成本更低的产品或服务；提供相对竞争对手更大程度满足顾客需求的产品和服务；相对竞争对手而言，提供具有更优性价比的产品和服务或者其组合。

第三，设计实现路径。设计能够给顾客有效传递价值的实现路径，而不是简单地将产品或服务交付给顾客。比如及时的需求反馈和沟通；提供独特的体验方式；便利的渠道组合；有效的传播途径等。

第四，捍卫既得市场。市场是变化的，为了防止竞争者的跟进，企业必须不断地采取更优势的竞争策略捍卫既得的市场。比如通过提升运营效率，产生协同效应，有效应对竞争；通过经营创新或者技术进步，不断优化成本结构；通过持续地开发新产品或服务，提高满足顾客需求的程度来增加顾客价值；有效的品牌管理，让顾客产生精神共鸣，提升品牌忠诚度等。

第二节 提高创造新市场的意识

餐饮行业作为我国第三产业中的一个传统服务型产业，一直在社会发展与人们生活中发挥着重要作用。由于进入门槛较低、市场潜力巨大，餐饮行业一直受到众多创业者的青睐。

早期，由于食客点餐过多，或者餐食味美但用餐环境不佳，或者食客为了节约时间，想在路上快速解决饮食问题，又或者食客想把自己觉得好吃的美食分享给家人朋友，餐饮经营者常常用一次性盒子或者袋子帮顾客打包带走，从而实现了食客随时随地随心用餐。于是，有聪明的商家从中发现了商机，提出了"电话订餐"的解决方法，创造出了新的市场，并更好地满足了新市场的需求。

然而，随着订餐需求量的急剧增加，电话订餐的弊端逐渐凸显，比如由于中餐品类复杂，经常会出现餐品信息错误、顾客信息错误、顾客需要收集餐馆信息、收款不便捷、门店送餐员数量不足……而这些问题都会极大地降低用餐体验。

随着电话订餐问题的日益凸显、互联时代的到来以及物流配送业务的崛起，一些聪明的商家又开始跟着互联网的脚步，将目光转移到网络订餐领域，并通过 PC 端下单、线上支付、客户系统、物流配送等一系列的运营系统，解决了电话订餐的弊端，同时大大提高了订餐效率。

2011 年，Android 全球市场份额首次超过了塞班系统，跃居全球第一，移动互联网开始在中国快速渗透。2013 年，阿里旗下的生活版淘宝——淘点点诞生，并定位为："移动餐饮服务平台"。

同年，饿了么完成了 2500 万美元的 C 轮融资，并通过高额的满减补贴快速地占领了校园市场。最开始，饿了么与餐饮商户的合作模式是分成模式，即抽取餐厅每份订单的 8% 作为佣金。

然而由于高校周边的餐馆大多是以中低端餐馆为主，订单越多，商户支付的佣金也越多，为了减少佣金支出，不少餐饮商户在给饿了么的线上客户打包餐食时，会夹带电话订餐单页，希望顾客能再回到原来的电话订餐方式，该模式下餐饮商户与外卖平台之间变成了一种对立关系，因此，饿了么平台并不紧密地粘贴客户。

而饿了么很快发现了这个问题，于是，专门为商户开发了一套网络餐饮后台管理系统——Napos系统，整个系统集成了商户端的订单、数据、线上餐厅的管理解决方案，这样一来，商户的整个操作流程变得简洁、顺畅，从而极大避免了忘单子，送错地址等现象的出现；与此同时，饿了么取消了向餐馆收取佣金的模式，改为收取固定的软件服务费。此外，商户还可以通过付费选择多种增值服务，例如竞价排名、星火计划、配送服务等。

饿了么这样的调整，将商家和饿了么捆绑在了一起，统一了目标，从而使双方成为一个体系内的合作伙伴。

随着外卖O2O行业的快速发展，物流配送环节的短板日益凸显，一方面餐馆苦于高昂的配送成本，另一方面顾客抱怨配送时间太长。基于以上问题，饿了么着手，通过整合自营物流网络、合作伙伴的物流网络资源，建立了开放的即时配送平台，通过众包合作的方式解决了长尾订单，逐步完善了整个配送链条，从而极大地提高了配送效率。

经过几年的市场培育，用户的就餐习惯开始转移，开始更愿意选择在外卖上花钱，中国餐饮外卖市场用户规模呈现大幅提升，2016年中国外卖用户规模达到2.56亿人，中国外卖市场规模已经形成千亿的市场规模，而饿了么领跑中国外卖市场。随着外卖成为一种常规就餐方式，用户开始对外卖的食物、服务等方面提出了更高要求，外卖消费未来将朝着品质、效率、用餐体验方向发展。

因此，**发现市场、创造价值永远是企业经营的核心。创新的过程会有痛苦，也会有失败，但是，创新会促使企业卓越成长。**

联邦快递首席执行官弗雷德·史密斯曾经郑重其事地说："**变革意味着机遇，你能在行业发生转变之前最早迈出哪怕一小步，先发制人，就会有很大的机会。**当然，可能也会犯错，我们自己也犯过错。但我绝对可以断言，**如果你认为没有必要改变，你将会自取灭亡。**"

第三节　由发现需求到创造需求

客户需求可分为三个层次，而这三个层次是相互渗透和交叉的，并不是递进关系。

第一个层次是潜在需求，潜在需求是现实存在，只不过是暂时还没被别人发现。这种需求是所有竞争者都能满足的，比如衣服的遮体需求，手机的通话需求，瓶装水的解渴需求等。而潜在需求的满足过程则是发现需求的过程。

第二个层次是深层需求，这种需求存在着，但尚未被发现，需要透过表面看本质，把真正隐藏的需求挖掘出来，谁先发掘谁就抓住了机遇。

比如，最早的时候个人电脑的颜色很难看，只有灰色和黑色，苹果公司发现了顾客其实还有对其他电脑颜色的需求，从而开发了属于自己的市场。深层需求的满足过程就是挖掘需求的过程。

第三个层次是隐藏需求，顾客有时候不知道自己的需求到底是什么，需要企业去创造。我们目前使用的众多商品都是在隐藏需求的背后生产出来的。

比如第一部电视剧生产出来之前人们并不需要电视机，第一部手机生产出来之前人们也并不需要手机等。

随着竞争的加剧，商品的不停涌现，顾客隐藏的需求越来越难以发现了。隐藏需求的满足过程就是创造需求的过程。

互联网时代，企业竞争不再局限在平面的市场进行细分或者定位，而是在一个立体式、网络式的市场结构中寻求发展，这就要求企业敏锐地洞察市场环境和客户心理的变化，主动挖掘需求，甚至是创造需求。谁先发现、挖掘和创造了客户需求，谁就能获得源源不断的客户。

创造需求的经典案例莫过于《2个皮鞋推销员的故事》。

有一天，来自英国和美国的2位皮鞋推销员来到了太平洋的一个岛屿上，他们两个在岛上各自跑了一圈后，发现整个岛上竟无人穿鞋。于是，二人分别给各自的工厂发了电报。英国推销员电文中说："此岛无人穿鞋，我于明日飞返。"而美国推销员电文中说："皮鞋销售前景极佳，我拟驻留此地。"

第二天，英国推销员飞离了岛屿，美国推销员则留下来张贴"海报"。他的海报里没有文字说明，只是画了一个当地人模样的汉子，脚穿皮鞋，肩扛猎物，威武雄壮，甚是好看。而当地的人看了这张海报，纷纷打听在哪里可以买到海报上的汉子脚上穿的东西，于是，美国推销员打开了这一空白市场。

图6-2　2个皮鞋推销员

星巴克在向亚洲国家扩张的过程中，不得不面对的问题是：在一个习惯喝茶的国度里推广和普及喝咖啡，必然会遇到顾客情绪上的抵触。星巴克为此首先着力创造顾客需求，推广"消费教育"。

星巴克各分店每周必须为顾客开设一次咖啡讲座。主要内容是咖啡的相关知识、如何自己泡制、器具的使用等。形式上十分灵活，一般选在顾客较多时，时间控制在30分钟左右。不少顾客纷纷提问，由讲解员释疑，气氛都很活跃。

目前，星巴克还在中国实施一项名叫"咖啡教室"的服务，其内容是：如果三四个人一起去喝咖啡，星巴克就为他们配备一名专门服务的咖啡师。而星巴克也正是通过创造需求的方式打开了中国市场的大门。

第四节　创造新的市场空间

德鲁克曾说过："优秀的公司是满足需求！而伟大的公司是创造市场。"在知识经济时代，**企业竞争力提高的关键并不取决于企业固定资产的多少，而是取决于知识创新和运用的能力。任何伟大的企业永远能够在时代的变化中寻找到新的发展引擎。**

互联网时代的今天，商业的发展已经达到了一个高度，各个行业都在试图寻找新的市场空间，而互联网恰好提供了一种有效的工具。

然而，创造新市场空间的企业往往来自行业之外，行业内的"大佬"多少受业内思维的禁锢，经常"反应迟钝"。

美国创业公司特斯拉的崛起就是这样一个奇迹。它所在的汽车行业已是高度集中，主宰美国市场的是少数几家寡头——通用、福特、本田、克莱斯勒、丰田和日产拥有近90%的市场份额，这些公司的市值都在数百亿美元乃至上千亿美元以上，以它们在财力、技术和行业经验的优势，及对行业发展趋势的共识，甚至都在电动汽车研发上有巨大投入，结果却是特斯拉首先获得重大突破。它先后推出了 Tesla Model S 型和 Tesla Model X 型电动车，这些产品性能极佳，完全具有实用性。

人们憧憬新能源电动汽车的时候，它的幕后推手不是老牌的福特、通用，也不是以精细管理著称的丰田，而是来自行业之外名不见经传的特斯拉。

为什么会这样？用特斯拉创始人埃隆·马斯克的说法，那是因为汽车行业的大佬们太多地投入于汽车引擎，没有意识到这产生于19世纪的趋势变革以及新的市场空间。

任何一个行业的形成都是一个不断累积的过程，需要逐步地发展起自己的产业结构、工作流程、基础理论、技术、经验和思维方式。而这整个体系产生于无数人的无数次努力的总结，是特定的历史环境和技术条件中最佳的。**而那些行业专家是在体系中训练出来的，思维也就受制于此，无法在一个更高的层次思考。**

西方人所提倡的"在盒子外面找思路"，就是相对于人的思维局限性而言的。

那么，企业到底该如何创造新的市场空间呢？

实际上，无论时代如何变迁，创造新市场的关键就在于洞察到顾客未被满足的需求，并且创造性地满足顾客的这些需求。然而，我们通常疑惑的是顾客这些未被满足的需求都在哪里呢？显而易见，它存在于人们的日常生活的欲望之中、抱怨之中和挑剔之中。**如果你能敏锐地洞察到顾客的欲望、抱怨和挑剔，你的企业便找到了创造新的市场空间的秘诀。**

通过下面的案例，我们来看一下差旅管理公司是如何创造新的市场，并创造性满足顾客需求的。

差旅活动几乎每天都发生在公司、机关以及事业单位里。没有人把差旅管理当作工作的重心，大多数公司都是用制度来约束差旅费用的花销。可差旅处理对于企业来讲，又是一件头疼的事情：票面 1000 元的机票，员工 800 元买下，回来按照 1000 元报销；在实施财务报销过程中，差旅申请、审批、业务预订、差旅报销、财务结算不能有效关联起来，企业流程冗长导致效益低下、内部满意度低；各企业财务业务没有实施集中管理，难以建立与航空公司、酒店的直接采购合作关系，难以得到大幅度的优惠……

这些细节问题相对企业的战略发展来讲根本不是大事，也没人去关注；但是顾客所抱怨的细节，恰恰会成就新的市场。直到有人把差旅管理当作事业来做，人们才发现差旅管理开拓了一片全新的需求市场。

专业的差旅管理公司除了保证顾客企业获得及时有效的各种服务、全程协助执行商旅政策之外，还能凭借其规模、经验、技术和资源优势为顾客企业提供自身难以实现的其他增值服务以及更完善的安全管理，帮助顾客企业提升管理水平与运营能力。

专业的差旅管理企业可以帮助顾客公司进行如下服务：

（1）缓解短期资金周转。约定账期内无息免担保垫资月结服务，先消费后结算，让顾客公司的资金流动次数增加，提升资金利用率。

（2）出差管理更规范。最大限度简化顾客公司原有的差旅审批、差旅费预借、报销、记账统计等工作流程，大幅度减轻人工工作量，提高工作效率，也使商旅出行更轻松便捷。同时还能规范财务凭证、统一提供票据、避免灰色损耗。

（3）解决雇佣矛盾。解决出差费用谁先支付的矛盾，核销出差费用工作量减半，让员工有更多精力开展业务。

（4）降低出差成本。机票最低价格、酒店最低价格；全过程监控、杜绝实销的漏洞。

国内知名的差旅管理服务提供商纵横天地差旅通，能够利用先进的信息技术及业务管理模型，对差旅活动进行全过程的管理、监控、数据分析并实施持续优化策略，从而为服务企业提供完善、快捷、方便、经济的差旅服务，为企业节约费用、减轻企业行政人员和财务人员的负担，为企业管理层提供差旅管理报告，以利于差旅费用的控制和提升整个企业的管理水平。具体方案如下：

表6—1　差旅管理方案

机票节省方案	酒店节省方案	相关费用节省
严格执行机票差旅政策	严格执行酒店差旅政策	24小时服务热线免长途费
追踪差旅政策的执行情况	追踪差旅政策的执行情况	专职服务团队节省人力成本
航空协议优化整合	优化协议酒店体系	多渠道服务模式节省时间成本
优先推荐最优行程	优先推荐性价比高的酒店	专业差旅管理节省管理成本
未使用机票提醒	酒店比价系统	统一采购节省采购成本

专业的差旅管理企业可以帮助顾客公司差旅支出费用下降20%以上，差旅管理成本下降50%以上。

新市场的创造不是建立在虚无缥缈的幻想之上，而是基于顾客需求和偏好变化的洞察之上。**企业的市场营销需要打破常规，与时俱进，开放思维，突破封闭观念，放弃僵化模式，围绕顾客价值创造的核心，整合一切可运用的资源，如此便能通向胜利之巅。**

07

构建新的营销模式

知识经济时代，创新已成为企业的灵魂。而企业的创新，首当其冲的应是营销创新，所谓营销创新就是企业根据新的市场环境，结合自身资源条件和经营实力，寻求营销要素及其组合在市场中的变革与突破的过程。

营销创新最直接地体现出企业的市场创造能力，也只有营销创新，才可能在更大程度上直接为企业创造赢利。

在通常意义上，企业的技术、产品、渠道、管理和服务创新都属于营销创新的范畴，而营销创新大多体现为战术和策略模式的创新。在市场过度竞争的当今，居于营销重要地位的创新不再是战术模式的创新，而是战略模式的创新。只有战略模式创新才能为企业创造最大利润来源，固守模式可能让企业丧失市场机遇。好的模式需要好创意，好创意未必能成就好模式。

有地图者不迷路，有模式者不盲目。有效的营销模式应建立在对外部环境的准确把握和内部资源的优化配置上，**没有一个放之四海而皆准、适用于任何企业并一成不变的营销模式，也没有一种营销模式会永不过时。**对企业而言，有效的营销模式总是属于自身企业的"这一个"，当一种模式的效用在市场中发挥到极致，或者众多企业群起而效仿之，大面积的模式趋同就会导致模式失效。

我们知道，商业模式就是企业的赢利逻辑，而营销模式就是商业模式的核心手段和实现形式。营销模式包括客户价值主张、组织资源、战略定位和策略组合。或者说，营销模式就是企业营销的组合拳和对打套路，营销要素就是营销套路的多种对打工具。因此，营销要素的创新将不断丰富企业的营销模式，营销模式的创新又将在更高的竞争层次上驱动营销要素的创新。

商业上获得持续成功的经营者，无不将其简洁有效的解决方案加以固化，也就是形成一种模式。企业缺乏营销模式，则难以快速复制和放大，而死守模式、墨守成规，就很可能不适应环境而被淘汰。

企业唯有通过营销模式的不断升级和创新，方能持续焕发生机，保持持续竞争优势，营销模式创新是最有竞争力的创新。

第一节 营销模式创新

一、何谓营销模式创新

产业社会的竞争其实只有两个原则：**要么为顾客提供更多、更新的价值，要么比竞争对手更有效率。**营销模式的创新和重构也必须回到这两个落脚点，这也是企业营销的基点——顾客＋竞争。在菲利普·科特勒的经典营销理论中，顾客让渡价值最大化理论阐述的就是这个原理，**顾客不是简单的价格敏感型，而是价值敏感型，会按照自身让渡价值最大化的原则来选择。**

如何计算顾客让渡价值？用公式表示就是：顾客让渡价值＝顾客总价值－顾客总成本。其中，顾客总价值＝产品价值＋服务价值＋形象价值＋人员价值；顾客总成本＝货币价格＋时间成本＋精力成本＋机会成本。哪家企业使得顾客的让渡价值越大，其竞争优势就越强，其溢价能力也就越强。所以，企业不能给顾客更多让渡价值时，就只能打价格战了，赢利就更加困难。

所以，所谓企业营销模式创新，与其他经营模式或商业模式创新一样，就是要找到提高顾客让渡价值的源泉和方法。在提高客户总价值方面，就是发现并聚焦于目标顾客现实或潜在的最需要的需求，以此进行产品和服务的设计与组合，同时要注重有效传播与互动沟通，提升品牌形象，以提高顾客的价值感知；而在降低顾客总成本方面，主要是围绕目标顾客的消费行为来优化产品交付、信息查询、服务提供等环节的便利、快捷与可靠性。可以说，一个成功的营销模式就是在这两方面或至少一个方面能做到卓越。

二、营销模式创新的几个要点

新的消费群体和需求的产生、新的传播技术和媒介的出现、新的物流与结算方式的运用，以及基于信息技术的管理变革等，导致企业的营销环境发生了革命性的变化，也催生了林林总总、目不暇接的新营销模式。但归结起来，无外乎三种创新方向与范式：**客户价值倍增型的营销模式创新，新技术运用型的营销模式创新，策略及资源整合型的营销模式创新。**

营销模式创新的根本是打破常规的、传统的思维定式，保持高度灵活的营销思维和敏锐的市场洞察力，在市场竞争理念与战略上进行系统创新和大胆创意，以创意推动企业变革和战略突破，以战略突破和理念领先赢得市场目标。

企业在进行营销模式升级与创新时，需注意以下几个要点：

1. 营销模式的创新重在对内外环境和客户需求变化保持敏感性

当今，模式创新备受追捧，并已成为企业战略创新的首要任务。在创新实践中，企业需要冷静思考的是：模式创新的根本在于适应市场环境变化，满足顾客现实需求；模式的创新也需要有前瞻性，能迎合行业发展趋势，满足客户潜在及未来需求，需要为企业营造持续竞争优势。但是，创新的路上需要牢记：**领先一步是先驱，领先两步成先烈。**

总的来说，企业进行营销模式创新需要遵循一定的规律，即需要贴合市场环境变化，瞄准行业发展趋势，踏准行业发展节奏，坚定以客户需求为导向，及时调整和优化营销模式，进行营销模式的升级与创新。

2. 当新的营销模式方向正确时，践行新的营销模式贵在坚持

新的营销模式要从传统模式那里争夺市场，这种竞争往往要持续很多年，市场就被本质上不同的模式分割成为泾渭分明的多块细分市场。人们常犯的错误就是以为自己所在的这块市场成长空间已经不大，因而喜欢采取对手的模式，企图直接从对手的市场分一杯羹。横跨两种或两种以上模式既模糊了战略的对立性，又使运营变得复杂而成本剧增，许多营销灾难都来源于此。营销模式的创新者一定要有恒心坚持自己的方向，聚焦于推动新模式的成长。

3. 营销模式创新需要有效地匹配能力和资源

成功的营销模式让你与众不同，其本质是系统化的区隔战略。作为核心的区隔要素是不变的，但资源配置的方法要与时俱进，这样营销模式才能具有强大的生命力。

曾经以低成本经营的典范西南航空，近年来就吸取了后辈们的创造性成果，推出名为"商务之选"的产品，票价最高的旅客，能够享受优先登机、额外旅客里程以及免费饮料等服务。

三、营销模式创新的逻辑与方法

企业营销是以客户需求为导向的，向目标客户提供并管理价值的过程，营销管理本质上是需求管理。企业营销模式创新的基本逻辑是以客户需求为导向，建立起"客户需求、价值传导、价值设计"之间的有效链接，营销模式创新的方法则可以从思维纵向和思维横向展开，纵向上努力建立起三者之间的价值链接，横向上则可以进行发散性思维，以不一样或更丰富的价值方式来满足客户的需求，以建立起三者之间更强势的链接。

企业营销模式创新的逻辑与方法如图 7-1 所示：

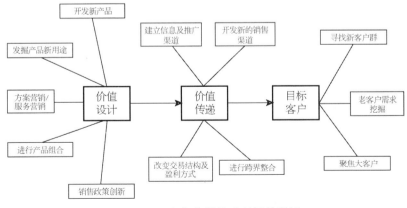

图 7-1　企业营销模式创新的逻辑

1. 从价值链纵向来看，企业进行营销模式创新时，可进一步理顺纵向价值关系，或者强化三者之间的关联性，即通过强化价值链上下游之间的合作关系，来提升企业的营销竞争力。

2. 从价值链横向来看，企业营销涉及目标客户、价值设计和价值传递三大维度，我们可从各环节进行发散性思维，以差异化和更丰富的价值来满足客户需求，来实现营销模式的升级与创新。

（1）从目标客户环节来说，企业可以选择寻找新的客户群的市场开发模式，或者基于老客户需求挖掘的产品开发模式，或者是聚焦公司的重大客户群体，进行大客户营销，这些都能给企业带来业绩增长或新的业务机会。

（2）从价值设计环节来说，企业可基于客户需求来开发新产品或开发产品的新功能应用；或者对企业产品进行有效组合，搞捆绑营销；或者进行销售政策创新，比如会员营销模式、融资租赁模式；或者基于客户需求提供整体解决方案，做解决方案营销，比如 EMC 模式、电子制程模式、BT 模式、总分包模式等，从客户价值设计角度来说，营销模式的创新真是无处不在。

（3）从价值传递环节来说，企业的营销模式可以创新营销渠道，进行营销渠道的重新选择和创新，如人员直销、中间商分销、复合型渠道、连锁经营、电子商务渠道、圈子营销模式等，都是渠道创新的典范；或者企业改变其交易结构进行模式创新，也能带来意想不到的效果，比如挪宝中央空调因为采取了 EMC 模式，和客户共享节能收益，所以迅速打开了市场局面；或者企业可以进行跨界整合经营，借助互联网思维，充分整合资源来满足客户需求。

总之，企业营销模式升级与创新动力无处不在，只要你保持对营销环境和客户需求的敏感性，并有着强烈的模式创新驱动力，你就可以大胆进行模式升级和创新，因为市场经济环境下允许试错。并且，只要你把握住了营销模式升级与创新的逻辑和方法，领悟了营销模式创新的精髓，你就可以成功地进行营销模式的升级和创新，并保持持续的营销竞争力。

第二节　由 B2C 到 C2B

在工业经济时代，技术－经济的范式是 B2C，即以厂商为中心，以商业资源的供给来创造需求、驱动需求的模式。通用的技术是能源 & 机械动力相关的技术，以驱动大规模生产、大规模部署商业资源的模式得以持续。B2C 典型的特征是标准化大生产、大众营销、大流通、大众消费、大金融。B2C 的范式不仅集中在工业生产领域，也体现在商业、农业、文化、社会生活各个方面。

譬如，连锁经营实际上是工业大生产标准化、规模经济效应在流通领域的体现；农业产业化，要求按照工业化的方式塑造农业，通过种子、农药、化肥的标准化来实现单一种类作物的大面积种植。

在美国，种子和除草剂只能买孟山都的，化肥只能用嘉吉的，最后收获的作物也是由嘉吉来进行收购。而到了食物的销售环节，消费者一般也就是去沃尔玛购买。食品巨头们还通过控制电视等大众传媒来灌输美国人吃什么最健康。大众文化领域，好莱坞电影和美国电视剧也是工业化的制作，流水线式的生产，商品化的市场营销，传播美国式的价值观和生活方式。

互联网加速推进信息经济的到来，在商业领域带来两个显著变化：需求端，消费者首先被信息高度"赋能"，导致价值链上各环节权力发生转移，消费者第一次处于经济活动的中心；供应端，互联网大大提高了信息的流动性和穿透性，削减交易费用，极大地促进了大规模社会化分工、协作，根据市场需求，快速集聚资源，通过在线协作的方式完成项目任务的模式大行其道。长尾经济、创客、众包、维基、分享经济等都是对这一模式的多角度描述。

我们大胆地把这些统统概括为 C2B 模式（见图 7－2），即以市场需求为原动力驱动商业资源的模式，简单说是"商业资源所需而动"。这里商业资源扩展到广告营销、加工制造能力、原材料、物流、仓储、劳动力、IT、数据、金融服务等诸多方面。

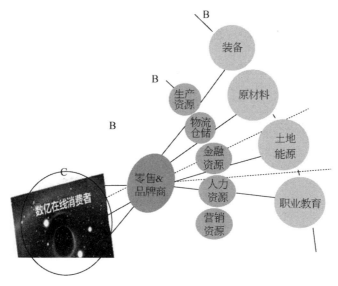

图 7-2　C2B 形态

这里的"市场需求"不仅仅是最终消费需求，也包括厂商需求，但厂商需求最终也是由消费需求驱动的，产业会呈现出 C2B，C2B2B，甚至 C2B2B2B 的形态。

例如，服装消费需求的个性化、社群化特征驱动（大小可变的）柔性化生产；往上游进一步驱动面辅料商、劳动力、物流仓储设施按需配置；再往上游，倒逼扎花厂，甚至棉花种植、土地、职业教育等按需配置。

商业资源以前都是局限在一个企业、组织内部，供企业组织独自使用，难免产生冗余浪费，或短缺断货；现在由于互联网所带来的碎片化、海量信息的穿透性，打破了企业组织边界，使得商业资源可以在全社会共享。理想状态下，如果数据能穿透所有工序、流程、产业，会把所有的价值主体、商业资源"连接"起来，实现实时的协同。概括来说，开放性、实时协同、按需使用、碎片化聚合成为这个时代的大趋势。

生产制造，个性化消费需求倒逼柔性化生产的加速，按需获取制造资源成为可能。互联网释放了消费者多元化、个性化的消费需求。这些都对柔性供应链提出了强烈的需求。所谓柔性化的供应链，就是供应链具有足够弹性，产能可以根据市场需求快速做出反应：小批量可以做，需要大批量翻单、补货也能快速实现，而且无论大单、小单能做到品质统一可控，成本相差无几、及时交货。要做到真正的柔性化，就需要克服传统根深蒂固的"大批量生产"观念，在信息协同、品类精细规划、物料准备、生产线改造、管理方式等诸多方面做彻底的改造。目前，广东、福建、山东、浙江省等地一些有"制造业精神"的企业家先知先觉，在这方面进行了创造性的尝试，取得了良好的效果。

青岛红领的董事长张代理，用 11 年时间投入 2.6 亿元打造了一个全数据驱动的服装工厂，实现了西服正装的大规模个性化定制化，将大规模、柔性化、快速反应和成本控制完美结合。

C2B 模式发迹于互联网为消费者赋能导致的 C 端的改变。目前，中国 6 亿网民，其中 5 亿是手机网民；设想到 2020 年，8 亿的智能手机用户实时在线，将形成巨大的黑洞效应，势必将工业经济下的传统产业全部卷入其中，将其碎片化、解构掉，然后按照"用户为中心"的商业逻辑重新组合。值得注意的是，这里"以用户为中心"的逻辑并不是产消割裂时代企业的自发行为，而是技术可能性和市场力量倒逼下，消费者与企业的共同选择。企业与消费者将在研发、设计、生产、营销、客服等所有环节共同参与、共创价值，某种程度上 C2B 或可描述为 C&B，即产消合一模式。

在 C2B 模式下，各市场角色的关系将从"链式"转向"网状"。传统意义上，处于控制地位的品牌商通过对外协作获取最佳资源、更高效率的同时，也向消费者和协作方出让权利。各市场主体通过数据分享实现实时协同，共同围绕消费者的需求匹配资源，完成任务。

第三节　产消合一

未来学家托夫勒在 20 世纪 80 年代曾提出"产消合一者"（Prosumer）的概念，2006 年又在《财富的革命》一书中提出了一个崭新的概念："产消合一"，意指在我们的现实生活中广泛存在但被严重忽视的非正式生产部门中存在的生产消费同期行为。

"产消合一可以包括为了创造能与地球另一端的人共同分享价值的、没有报酬的工作。"并认为"即将到来的'产消合一'大爆炸，不仅仍然被那些报道商业和金融的各种媒体所低估，还被学术机构和政府所低估。"产消合一，是一个在 GDP 之外发生作用的概念，一经提出，即在全球包括中国产生了重大影响。

另外，托夫勒在《财富的革命》一书中提出了"产消合一经济"的概念，即生产者（producer）与消费者（consumer）结合同一的经济，并将之作为财富革命的核心概念看待。托夫勒说：在隐形的经济中"所发生的大量活动基本上都没有痕迹、没有经过测量也没有产生报酬。这就是产消合一的经济。""只要我们既生产又消费我们自己的产品时，我们就是在进行产消合一。"

一个精辟的词汇可以揭示一个时代的本质或者表达这个时代的潮流。"产消合一"提醒我们站到另外一个高度审视消费者。**产品经济时代只要求我们去接近消费者；炫耀性的奢侈品消费时代开始要求我们去取悦和讨好消费者；体验经济时代则要求我们尊重消费者；而"产消合一"时代则再次对我们的消费者态度提出了全新的要求——我们需要发自内心地喜欢和热爱消费者，把自己看作他们的一部分。**

今天已经开始，未来更是如此：任何一种企业价值都不再可能由企业单独完成，只有发挥消费者自身的创造性，我们才能获得财富。

"产消合一"时代来临，这是一个技术与欲望互动、生产者与消费者界限日益模糊的时代。个性化生存正在瓦解企业基于标准化生产所形成的单一规模优势，而要求生产和服务更加柔性化。这种变化向生产者和消费者提出了同样的要求：生产者必须以消费者的意愿为目的地，而消费者需要了解生产者所具备的知识和能力。"产消合一"不可能结束传统意义上的社会分工，相反，它会使得这种基于分工的生产和消费形态变得更加丰富多彩。

2016 年海尔发布了海尔智慧生活平台探索的最新成果（见图7-3），即依托优家 APP2.0、互联工厂 COSMO 系统为用户与有关方提供的互联互通的新体验。海尔让用户能够参与设计，把各种不同的需求进行有效整合，将原本分离的产消关系重新组合，创新出"产消合一"的新模式。

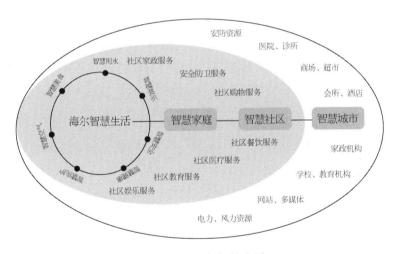

图7-3　海尔智慧生活

海尔在智慧生活战略上全面升级，对外是智慧家庭，通过搭建智慧家庭平台连接用户，满足用户需求；对内则搭建互联工厂，前联研发、后联用户，通过打通整个生态价值链，实现机器、生产线、产品、用户之间的实时互联，借助大规模定制来实现生产者和消费者统一，以及用户体验的无缝化、透明化和可视化。

目前，海尔已经打造出七大互联工厂的引领试点样板。互联工厂目前正借助 COSMO 系统及支撑其运转的众创汇、海达源等平台，全面升级用户全流程可视体验。互联工厂在实现用户个性化定制的基础上，也让用户、供应商通过网器与工厂互联，从前期研发阶段就参与进来，与生态圈内的资源进行无缝整合互联。

更为重要的是，通过探索把电器变"网器"，海尔可以与用户随时随地实现互联互通。目前，海尔在U＋智慧生活平台上已成功落地洗护、用水、空气等七大智慧生态圈，接入 30 类服务资源，100 家 120 个品类的智能硬件，每天用户访问量达 1 亿条，每天接入设备数量 2 万台，每天活跃设备数量 100 万台，这些交互又为按需制造提供了需求基础。

海尔让用户全流程参与并提供可视化的体验，实现了零库存下的即需即供，有效地解决了行业"供需错位"的问题，这种"产消合一"模式为家电产业提供了最佳落地样本，也为制造业转型升级找到了一条最适合中国企业的转型道路。

第四节　共享价值

迈克尔·波特和马克·克雷默认为，企业完全可以通过创造"共享价值"，在推动社会进步的过程中取得自身发展。共享价值理念认为，企业的竞争力与社区的健康发展息息相关。企业的成功离不开社区的繁荣，因为社区不仅是产品需求的来源，而且提供了关键的公共资产和有利的经营环境。而企业解决社会问题，未必就会增加成本，因为它还是可以通过采用新的技术、经营方法和管理方式来实施创新，从而提高生产率和拓展市场。

值得注意的是，共享价值并不是"分享"企业已经创造的价值，而是做大整个经济和社会价值蛋糕（见图7-4）。

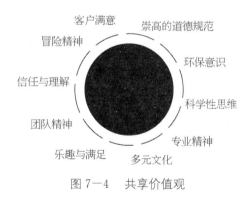

图7-4　共享价值观

比如，为了增加贫困农民的收入，你可以按更高的价格向他们收购农产品。但这主要是一种重新分配财富的方式，不会增加总价值。如果你设法改进农民的种植方法，与当地供应商和其他机构建立产业集群，提升农民的效率、收成、产品质量和可持续发展能力，那就能做大收入和利润蛋糕，使农民和收购农产品的企业都得益。

▶▶ 企业创造共享价值主要有以下三种途径

1. 重新构想产品与市场

社会需求包罗万象——医疗保健、改善住房、增加营养、加强金融安全、减少环境破坏等。这些可以说是全球经济中尚未得到满足的最大需求。数十年来，企业一直在琢磨如何分析和制造需求，却错失了这一最重要的需求。在服务不足的市场，企业常常需要重新设计产品或采取不同的分销方法。

为了解决发展中国家的融资需求缺口，小额信贷产品应运而生。如今，小额信贷业务在美国也发展迅猛，填补了以前未曾注意的重要市场空白。

2. 重新界定价值链的生产率

企业的价值链与许多社会问题密切相关，如资源使用、健康与安全、工作环境等。社会问题可能给企业的价值链造成经济负担，这就形成了创造共享价值的机会。

产品过度包装和温室气体排放不仅对环境危害巨大，也会让企业付出巨大成本。沃尔玛公司则很好地解决了这两个问题。

2009年，在出货量增加的情况下，它通过减少产品包装和调整货运路线，节省了2亿美元。在处理门店使用的塑料制品时，它也采用了创新方法，节省了数百万美元的垃圾填埋费。

3. 促进当地产业集群的发展

没有哪个企业是完全自给自足的。每个企业的成功都受到支持性企业和周围基础设施的影响。在所有繁荣发展的地区经济体中，都有引人注目的产业集群，如硅谷的信息技术产业，它们在提高生产率、创新能力和竞争力方面发挥着关键作用。企业选择与本地优秀供应商合作，能提高物流效率，合作起来也更加便捷。如果本地的培训、运输服务和相关产业的实力较强，也会提高企业的生产率。

共享价值并不等同于社会责任、慈善事业，甚至也不是可持续发展，而是一条创造经济辉煌的全新之路，能够强力推动下一轮的全球增长。2016 年《财富》杂志发布了"50 家改变世界的公司"榜单，英国制药公司葛兰素史克排名榜首，雀巢、耐克、万事达、可口可乐、英特尔、沃尔玛、贝宝、西门子等知名企业也榜上有名。此榜单反映出的一个趋势是创造共享价值，即越来越多的公司经营者将社会责任灌注于企业核心战略布局，从而造福人类社会和自然生态。与传统企业在业务之外进行慈善与公益活动相比，共享价值型企业更能在充分的市场竞争中，在核心业务运营中直接创造可量化的社会影响。

具体来说，**一是，公司将其社会影响的关注点从试验项目和二级市场转到自身的核心市场和战略中。**

雀巢公司正在通过研究特定疾病的营养产品来开发一种新型的食品和药品的结合产物，从而在众多竞争对手中脱颖而出，成为公司发展和盈利的新的增长点。

二是，许多公司更加看重其产品和服务是否满足了社会的需求。

施耐德电气致力于发明一系列减少客户能量消耗和碳足迹的专利产品和服务，以此实现企业发展。一些公司还与非政府组织成为商业伙伴，例如，葛兰素史克与救助儿童会共同开发了一种防止脐带感染的凝胶，且售价经济。

第五节　营销模式创新的流程

营销模式创新流程既是一个严密的逻辑分析过程，又是一个开阔思维创造的过程。严密的逻辑是基于环境和竞争的分析采取决策，而开阔思维创造则是不囿于现有的竞争局限，善于创新、善于变化。

1. 洞察行业的发展变化

了解行业的发展概况、竞争环境，研究市场潜力、行业周期以及市场集中度，洞察企业在行业中的地位和产业价值链环节，探寻行业发展趋势，寻找成长空间。

2. 洞察顾客需求

划出目标顾客范围，研究谁才是和企业计划相匹配的目标顾客，这些目标的偏好如何变化，有无尚未满足的需求，是否需要创造需求；研究竞争企业产品或服务是否满足了顾客需求，竞争企业营销模式成功的关键点在哪里，他们的不足或者盲点在哪里；根据洞察的结果，进行顾客重新定义，探讨如何为顾客价值增值、如何让顾客首先选择你。

3. 重新定义产品提供内容

根据目标顾客的需求，探寻改变产品的提供内容，改变满足顾客需求的实现方式。

4. 创新市场

研究现有市场的竞争程度，突破市场边界，探寻延伸关联市场、转换市场以及创新市场空间的实现方式。改变提供产品或服务的路径。

5. 建立营销系统

建立新的管理模式，发展独特的价值网络，整合、开拓新的渠道，建立以顾客为核心的价值传递系统。在这个过程中，企业时刻注意竞争优势和竞争能力的培养。

6. 建立控制反馈机制

对营销实施过程中的动态变化及时跟踪，系统扫描发现疑点、问题归类洞察原因、综合整理诊断分析，提出改进措施。

08

打造营销价值链

市场营销是企业众多资源、活动以及行为的集合：从原材料采购、研发生产、仓储物流到经销商开发、渠道管理、终端促销，这些资源活动构成了一条完整价值链。

企业往往只注重内部价值链的构建，而常常忽视了外部价值链的管理。比如，企业耗费巨大精力研发生产出来的优秀产品，却没有按照企业的战略要求在指定的渠道销售，造成终端促销混乱、广告传播无效。这说明即使再好的产品，没有系统化的营销能力，也不会达到理想的效果。

也就是说，如果企业的营销资源、营销活动彼此割裂，没有统一的价值管理，就会导致市场营销活动不灵活，资源浪费、成本浪费，竞争能力薄弱。

如今，企业单一的营销优势已经不能给企业带来持久的销售行为，取而代之的是系统营销优势的建立。因此，企业在市场营销过程中需要将资源嫁接、渠道管理、终端促销或广告传播等活动行为串联起来，构成一条高效运营的价值链，优化营销环节，为顾客创造更大价值。

特别是随着企业规模的不断扩大，优化营销价值链、实施系统作业、保持竞争灵活性显得尤为重要。单一的竞争优势已经不能主导市场，整体价值创造时代已经开启。

第一节　销售就是传递价值

市场营销是选择价值、提供价值和传递价值的过程，是向市场展示产品或服务中所包含的利益或价值，继而促成交易，它贯穿于企业经营的全过程。

市场营销最重要的一个环节是传递价值，把企业提供的产品或者服务所带来的效用有效传递给目标顾客。

整合传播是品牌建立和传递价值的一部分，却不是全部。传递给顾客价值的载体不仅包含整合传播的媒介，还包含渠道的组合方式以及顾客的体验方式等。

你在电视广告、户外媒体以及网站看到了宜家的广告不断传播"种类繁多、美观实用、买得起的家居用品"，会产生心动的感觉。**这就是整合传播带来的效用，打动你的内心，鼓动你去尝试。**

于是，你在某个周末会带着家人去宜家家居广场转转，在那里你可以自己动手组合出任何你想要的物品，并且可以坐在沙发上感受自己组合带来的喜悦，这就是体验。

现场各种目录以及说明书让你了解到了宜家产品更多的好处。服务员笑容可掬的沟通给你带来了更深层次的愉悦。

于是你拿出钱包付款购买了想要的产品，标准化组合式的平板包装，整体打包和运输相当方便，价格也在你承受范围之内。

你在离开宜家之前，买了几个甜筒与家人分享。

最后，你开着车载着购来的家居行驶在繁华的街道，与家人欢声笑语地交谈着买来的家居应该如何摆放。此时，你感觉到在宜家购买的不是简单的物件，而是一种家的温馨和浪漫的梦想。你脸上洋溢的笑容显示出你的需求已经得到了充分满足。

这时候，你回想所接触到的传播内容与在宜家所体验到的感受是一致的，于是它在你的心里产生了烙印，一个完整的宜家品牌形象在你的心智中已经形成。

以上内容就是以顾客的视觉来诠释了一个完整的价值传递过程。宜家完成的这个价值传递过程就是营销价值链的完美诠释。

那么，宜家以外的企业又该如何组建企业的营销价值链来达成企业持续竞争的行为呢？接下来，我们来认知关于价值链的概念和内涵。

第二节　何谓价值链

1985 年，哈佛大学商学院教授迈克尔·波特提出了关于价值链的概念，他认为每一个企业都是设计、生产、销售、服务以及其他辅助活动的集合体，所有这些活动可以用一个价值链来表明。

价值链上的这些活动可分为基本活动和辅助活动两类，基本活动包括生产作业、内部后勤、外部后勤、市场销售、服务支持等；辅助活动包括物流采购、技术研发、人力资源管理、基础设施建设等。

这些互不相同但又相互关联的生产经营活动，构成了一个创造价值的动态过程，即价值链。

价值链在经济活动中是无处不在的，上下游关联企业与企业之间存在行业价值链，企业内部各业务单元的联系构成了内部价值链。价值链上的每一项价值活动都会对企业最终能够实现多大的价值造成影响。

过去，价值链理念对于企业经营提供了重要的指导。移动互联网时代，随着技术进步和经济发展，企业的价值链变得更加通畅和开放，已经不是一个有局限的"管道"，而是一个更加开放的"空间"。这时候，我们发现传统价值链的思考方式出现了以下局限性：

（1）价值链很容易让企业局限在行业或企业内部思考问题，造成企业视角向内的思考逻辑。

（2）容易让企业过于关注成本，造成与上游供应商和下游经销商的矛盾，从而引发行业价格战。

（3）容易让企业关注利润最大化，而简单地追求效率提升、规模生产，迫使内部生产缩减成本，影响产品或服务的品质，从而忽视顾客价值创造。

（4）很难让企业在新经济环境下，进行战略变革，导致企业在单一的商业形态中进行无差别的竞争，陷入恶性竞争的旋涡不能自拔。

（5）使企业在降低显性成本的同时，又不断提升隐性成本，加大企业生产的投入，增加了竞争风险。

传统的价值链是一种线性机构，当前更加开放的市场和空间，凸显了价值链竞争的局限性。

随着行业融合以及专业分工趋势愈加明显，企业需要站在更宽的视野寻找竞争关键点，打破行业界限，突破价值链束缚，以更广阔的视野来塑造成长空间。

第三节　从价值链到价值网

全球化的结果使得企业可以共享所有资源。企业面对的不再是上游供应商和下游经销商，也不再是简单的供应和销售的买卖关系，而是全方位的资源网络——产业链上、下游的经营主体，如供应商、渠道、终端及顾客；其他行业主体，如可以嫁接、整合、利用的市场资源、企业等；市场相关主体，如金融机构、政府、媒体等；都看成在同一平台上的整合资源。企业的生存已经不是在一个单一的链状结构的状态，而是处在一个网状结构的平台上。

价值网是一种立体的空间思维模式，它突破了传统价值链的直线式沟通，转为网络内若干成员的多方位沟通，实现了全面价值共享。企业不是仅仅通过封闭的价值链管理活动获取效益，而是通过构建一个开放的资源平台创造价值。价值网理论可以让企业的战略视野更加开阔，更加有效地进行战略变革。

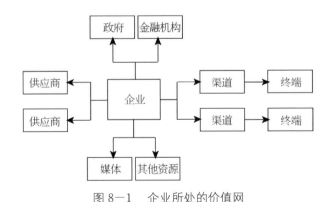

图 8-1　企业所处的价值网

企业的核心竞争力也不再是我们所理解的技术、质量、人才、渠道等割裂的观点，而是一个不断创新的动态的经营系统。

价值网络的思想打破了传统价值链的线性思维和价值活动顺序分离的机械模式，围绕顾客价值重构原有价值链，使价值链各个环节以及各不同主体按照整体价值最优的原则相互衔接、融合以及动态互动，利益主体在关注自身价值的同时，更加关注价值网络上各节点的联系，冲破价值链各环节的壁垒，提高网络在主体之间相互作用及其对价值创造的推动作用。

价值链与价值网的本质区别如下：

(1) 价值链关注供应、生产的环节，目的是降低成本、提升效率，而价值网则关注的是如何为顾客创造更大的价值，并改善与供应商的合作关系。

(2) 价值链关注降低每一个环节的运营成本，提升利润；而价值网则关注价值创造。

(3) 价值链关注企业生产环节的效率提升，而价值网则关注整个网络成员共同效率的提升。

(4) 价值链关注的是生产资料的流通，而价值网则关注价值网络的信息流通，通过知识的共享为网络成员创造价值。

(5) 价值链仅仅把供应商看作供求的交易关系，公司与供应商的关系是对立性的，常常以供应商利益为代价，达到降低成本、提高利润的目的；而价值网则把每一位成员看作价值创造的合作伙伴，每一位成员对其整体的价值观都有高度的认同。

(6) 价值链是将顾客看成销售对象，通过营销手段向他们推销产品，并开展售后服务；而价值网则把顾客作为企业经营的参与者，营销成了价值网的一个部分，有效地降低营销成本、强化与顾客的沟通方式、与顾客一同创造价值。

(7) 价值链使企业陷入线性的经营思维中，容易让企业陷入同质化经营的困境；而价值网则是帮助企业突破行业边界，打破常规经营，基于资源整合建立竞争优势，以更广阔的视野来塑造成长空间。

第四节　营销价值链的概念

营销价值链是依据价值网的基本内涵，运用业务层面的资源实现市场竞争，其含义是指企业在对顾客提供产品或服务的过程中，整合营销资源形成一个有价值的整体，进行顾客价值创造。

营销价值链的宗旨是将企业原来相互割裂的营销资源串联在一起，整合成为一个具有系统优势的价值链或价值网，而不是简单的营销活动集合，进行市场竞争，获得协同效率。

什么是营销资源？营销资源就是指企业内外有助于产品或服务销售的各种资源集合。

广义的营销资源是指企业的人力资源、物质资源以及财务资源：人力资源是指企业在一定时期内，进行营销活动而投入的各类营销人员，包括管理人员、销售人员、服务人员等；物质资源是指为完成营销目标而必须投入的各种物力消耗，包括运输车辆、装卸工具、办公用品、日常易耗品等；财务资源是指各项营销费用支出，如营销人员工资、差旅费、运输费、广告费、服务费等。

狭义的营销资源是指在市场营销过程中形成的为企业所占有的核心技术、经验积累、品牌声誉、市场网络、传播媒介、客户关系等资源。

营销资源可以是有形的，也可以是无形的；可以是企业内部的，也可以是企业外部的。

如今企业的营销资源不再像过去那么简单，已经变得非常复杂。过去企业的营销只能通过经销商渠道和大众媒体资源来实现，**而现在企业的营销可以借助的资源出现了全方位、立体式、网络化、多层次的特点。**

营销资源复杂化对于企业营销来讲是一把"双刃剑"。

优点是企业可以借助更广泛的资源实现营销目标，比如，经销商已经不再是唯一的渠道，企业可以避开费用高额的渠道，借助网络、手机等先进的电子资源来实现销售。

　　缺点是复杂化的营销资源有时候让企业无所适从，如果不进行有效的整合，反而会事倍功半；并且有些营销资源是稀缺的，如果不及时整合运用，就会错失良机。

　　所以说，面临激烈的市场竞争环境，对营销资源进行有效的整合运用、优化配置，促进营销价值链的形成就成了企业的当务之急。

　　根据企业产品或服务的属性，依据目标市场和消费群体的特点，找到能为企业运用的所有营销资源的价值点，将其有效嫁接、整合，形成一个相互配套、相互支撑、相互增值的价值链或者价值网，促进企业产品或服务持续地、有效地销售，这就是营销价值链的最终目标。

　　营销价值链可以使得营销活动得以价值增值，释放整体效能。营销价值链构建的核心是以顾客需求为导向，通过不断完善、强化企业内部与外部营销资源的整合能力，提升企业的竞争优势，保持企业持续、高效、整体创造价值的能力，使顾客得到更多的利益体验。

第五节　营销价值链的构建

营销价值链的竞争实际上就是营销资源获取、嫁接、整合的竞争。获取有效的营销资源只是营销价值链竞争的初级阶段，将营销资源有效嫁接、整合形成聚合增值作用才是营销价值链竞争的本质。

一、营销价值链的构建共分三个部分

第一个部分是营销资源。包括企业自身产品、销售渠道、传播资源、目标顾客群以及其他可用资源和外部机会。企业不同营销资源的价值表现是不一样的，但又相互联系。在营销过程中，很多企业的营销资源相互割裂，效率运营和价值创造低下。

第二个部分是打造营销价值链。指对现有营销资源进行扫描，并对外部可用资源以及各种机会进行分析，寻找和确定能够整合运用基本营销资源的要素或策略，运用这些要素和策略将可以运用的目标营销资源整合起来，形成营销价值链。

第三个部分是企业在没有构建营销价值链、起动增值策略时，各个营销资源是相互独立的，不具备关联性；而通过增值要素或策略可以将各个营销资源进行有效整合，形成营销价值链，构成整体创造价值的系统，实现各个营销资源的价值增值，以保持营销竞争的灵活性。

二、如何应用营销资源建立营销价值链

第一步：分析企业内部资源。企业要分析和洞察自身的营销资源有哪些，价值如何表现，每项营销资源的竞争力是什么，各项资源有无形成协同效应。即需要对公司的内部营销资源做一个全面的、有效的、关联性的竞争分析。

第二步：寻找增值要素。企业的营销资源可能很丰富，但是运营效率以及创造价值的能力分散和薄弱；这需要站在价值链或价值网的角度，从内部和外部寻找能够激活这些营销资源的要素。

第三步：确定构建策略。比如营销资源的整合、营销资源的嫁接等。

第四步：实现互联增值。通过前三步的工作，基本上可以形成完整高效的营销价值链，通过有效的运作，激活资源，实现增值，形成卓越的营销竞争力。

任何一个独立的营销资源，即使优势再明显，如果不能和其他营销资源相互支撑，也不具备持续的竞争能力。

企业在不同经营阶段的营销资源也有差别，企业需要根据竞争环境和顾客需求变化进行营销价值链更新，时刻关注营销资源的变化，不断寻找增值要素和策略，以实现企业持续价值增值的目的。

第六节 营销价值链的实践

2010 年雷军创建了小米公司，它是专注于智能手机自主研发的移动互联网公司。经过几年的发展，公司推出的 MIUI 手机操作系统、米聊、小米手机等三大公司核心产品陆续得到广大消费者的青睐。2017 年，小米突破性地完成 9000 万台的出货量，营收业绩为 150 亿美元，净利润不少于 10 亿美元，小米有望成为 IPO 估值最高的科技公司。

小米通过各种营销资源的整合，致力于打造顶级智能手机，以占领国内中端手机市场，并逐步走向全球，搭建了一条具有竞争能力的营销价值链。

（一）整合资源做发烧级智能手机

小米手机主要针对手机发烧友，手机芯片及其他供货渠道均是顶级元配件供应商，产品的制造生产外包给了富士康、英华达等，小米团队致力于 MIUI 系统研发、升级与客户反馈互动。高性能、高性价比的发烧级智能手机，是小米营销成功的基础。

（二）网络营销捧红手机做大市场

从第一代小米手机开始，小米公司不断地利用其资源，搭建营销平台。小米主要依靠公司官网自主营销和通过一些运营商渠道营销，比如微博和 QQ 空间、联通定制版手机等拓宽自己的销售渠道，并且通过口碑营销、饥饿营销和体验营销不断扩大自己的市场份额。小米公司专门设立了一个自己的客户服务中心——小米之家，为客户提供维修、技术支持以及提供手机配件等服务。

（三）智能产品研发延伸价值

随着小米手机大火，小米公司开始围绕手机开始智能产品研发，建立小米商城。越来越多的米粉因为喜欢小米手机，而通过小米商城选择小米开发的其他智能产品。从 2011 年第一款手机开始，小米手机已经升级到第六代，并以此衍生出了 Note 系列、红米手机、智能硬件、配件以及小米生活周边。

（四）物联网硬件生态圈放大价值

小米公司在互联网电视机顶盒、互联网智能电视，以及家用智能路由器和智能家居产品等领域也颠覆了传统市场。2016 年年底，小米公司旗下生态链企业已达 77 家，其中紫米科技的小米移动电源、华米科技的小米手环、智米科技的小米空气净化器、万魔声学的小米活塞耳机等产品均在短时间内迅速成为影响整个中国消费电子市场的明星产品。

（五）智能生态链建设延伸价值

2016 年小米公司对小米生态链进行战略升级，推出全新品牌——MIJIA，中文名为"米家"。米家品牌名称取自小米智能家庭当中的"米"和"家"字，理念是"做生活中的艺术品"。小米生态链建设将秉承开放、不排他、非独家的合作策略，和业界合作伙伴一起推动智能生态链建设。

可以说雷军用智能手机构建了一个营销平台，以智能手机为核心产品，利用智能电视、机顶盒、路由器和智能家居产品等各种资源，以小米商城为纽带搭建了一条营销价值链，实现了其品牌价值的有效延伸。最重要的是构建的营销价值链带来了小米电脑、小米移动电源、小米手环、小米空气净化器、小米活塞耳机、箱包服饰等多元化的赢利来源。

第七节　打造客户体验价值链

营销过程中，越来越注重顾客的体验价值创造。在购物过程中，你会感受到适宜的温度、扑鼻的芳香、优美的音乐、周到的服务，这些都是商场对顾客体验价值的一种创造方式。这种体验价值不在于产品功能的强弱，也不在于服务的多少，而是在于企业营销过程中一种氛围的营造和价值传递的差异化。

在互联网经济时代，顾客需求表现为需求个性化的服务，注重张扬自我、实现自我、情感的愉悦和满足。这就要求产品中情感要素的比重逐渐增加，让顾客获得一种心理上的愉悦，以彰显自己与众不同的特点。

互联网白酒品牌江小白，就是客户体验价值创造的典范。江小白的包装设计全部来自消费者，消费者把自己撰写的文案，发送给江小白，一经选用就直接印刷在酒瓶上，整个包装与消费氛围高度粘合。这就是品牌与消费者之间高度互动的体验价值体现。

一、何谓体验价值

体验价值，包括情感价值、心理价值、知识价值和信息价值。**体验价值是产品和服务价值的一种升华，是一种发自内心的精神满足，会让顾客形成深刻记忆并产生美好回味。**

打造客户体验价值，通俗地讲就是促使客户变成其中的一个角色尽情"表演"，顾客在"表演"过程中将会因为主动参与而产生深刻而难忘的体验，从而为获得的体验向企业让渡价值。打造客户体验价值链是以向顾客提供有价值的体验为主旨，力图通过满足客户个性化的需要和体验而达到吸引和保留客户、获取利润的目的。

对于企业来说，客户体验价值要求企业必须从消费者的感觉、情感、思考、行动、关联五个方面重新定义，**消费者的消费行为除了包含知识、**

智力、思考等理性因素以外，还包含感官、情感、情绪等感性因素。这要求企业深入体察客户的心理，准确把握客户需要何种类型的体验。

二、客户体验价值主要分为以下几种类型

（一）氛围式体验价值

氛围式体验价值就是要有意营造这种使顾客流连忘返的氛围体验。好的氛围会像磁石一样牢牢吸引着顾客，使顾客频频光顾。

星巴克是氛围式体验价值创造的典型代表。咖啡馆内的一切，都围绕着咖啡文化而设计。整个星巴克就像一杯咖啡：夹带暗红的咖啡色墙壁、浅黄色隔板，或深或浅的咖啡色桌椅、沙发，加上暗黄色柔和的灯光，四周充满咖啡的香味，再喝上一口醇香润滑的咖啡，整个人似乎溶入了一杯浓浓的咖啡中。耳边的爵士乐让人雀跃于这种感受，更添一份轻松与愉悦。墙壁上的挂画色彩纷呈、抽象味儿十足，给顾客以时尚与个性的张扬感。

（二）生活式体验价值

生活式体验价值是以顾客所追求的生活方式为诉求点，通过将产品或服务演化成某一种生活方式的象征甚至是身份、地位的识别标志，从而达到吸引顾客、建立起稳定的消费群体的目的。

生活式体验价值中的"体验"是要顾客经过自我思考与尝试去获得解决方案。这种方案是独特的，是一种生活方式与顾客个人喜好的结合。商家要做的就是对产品的文化、功能、搭配方案等进行制作展示等，帮助顾客找到最适合自己的方案。

宜家把家具卖场打造成顾客寻找灵感和设计思路的地方，顾客可以根据每种产品价格、材料大小、颜色、产地等，思考出搭配方式。宜家的许多空间都被隔成小块，每一处都展现一个家庭的不同角落，而且都拥有自己的照明系统，向人充分展示那可能是未来温馨的家。

几年的运作，宜家成了一个文化符号，让长久以来渴望自由消费主义的中国新兴中产阶级趋之若鹜。

当顾客将自己的人生主张、价值观、生活态度借由某种商品传达时，就表明他对该品牌的感官享受超过了临界点，开始形成对这一品牌的价值主张，这是体验价值创造的最高境界。

（三）娱乐式体验价值创造

娱乐体验价值是指以顾客的娱乐体验为诉求，通过愉悦顾客心理来达到企业的营销目标。这种营销模式的出发点和归宿点就是为顾客制造快乐。它相对传统的营销模式来说显得更加亲切、轻松、生动，并富有人情味。

伊利安慕希与《奔跑吧兄弟》的合作已经迈向品牌价值融合、企业精神展示等更为高端的营销境界，可谓将娱乐式体验营销玩出了花！

安慕希从赞助跑男第二季开始，就通过先后亮出产品植入、借势传播、签约"跑男团"中人气见涨的 Angelababy 作为品牌形象代言人、线下活动等营销大招，环环相扣，让安慕希获得了大量曝光，在消费者心中建立起了广泛的品牌认知，安慕希 2015 年全年销售同比增长 465%，跃居国内常温酸奶市场龙头地位，其"浓浓的，超好喝"品牌核心已经深入人心，其与跑男的娱乐化形象已经融为一体，引得消费者争先模仿饮用。

第四季跑男收官时，伊利的娱乐化营销更是深入企业内部，将工作场所、员工等场景植入节目情节中，实现产品到企业精神与文化的同步营销，既丰富娱乐综艺节目的内容，又提升企业产品的品牌价值，实现品质双赢！

（四）感官式体验价值

感官式体验价值是指以顾客的审美情趣为诉求，经由知觉刺激提供给顾客以美的愉悦、兴奋、享受与满足。这种营销模式要求企业对色彩、音乐、形状、图案、风格等美的元素加以良好的运用。这种方式在奢侈品尤其盛行，并且被广泛应用。很多奢侈品品牌都使用感官式体验价值创造。

挪威 VOSS 天然水源产于挪威南部的原生态地区的冰岩含水层，没有任何污染，是世界上最干净的水。含微量矿物元素，天然纯净，口感清醇，无与伦比。其圆柱形的瓶身设计简约流畅，典雅纯洁，美到令人屏住呼吸，舍不得拧开，从里到外都让你感觉纯净又高贵，并且可以 100％循环再利用。从某种程度上即是感官式体验价值的典型代表。

（五）文化式体验价值

文化对于顾客而言，往往会显得高端和远离。通过独具匠心的文化体验安排，可以使艺术、文学、音乐等看似高雅的文化活动深入顾客的心目中，让顾客感受到不一样的独特韵味。

"小糊涂仙"酒，就是将"难得糊涂"文化"溶入"酒中；金六福酒也是把"酒品牌"与"酒文化"进行有效嫁接。还有我们的传统节日中秋节，在中秋节我们吃月饼就是"吃"中国民族传统文化——团圆喜庆；端午节吃粽子也是在"吃"历史文化。

三、客户体验价值链打造主要有以下八种实施模式

（1）节日模式。每个民族都有自己的传统节日，传统的节日观念对人们的消费行为起着无形的影响。这些节日在丰富人们精神生活的同时，也深刻影响着消费行为的变化。随着我国的节假日不断增多，出现了新的消费现象——"假日消费"，企业如能把握好商机便可大大增加产品的销售量。

（2）感情模式。感情模式通过寻找消费活动中导致消费者情感变化的因素，掌握消费态度形成规律以及有效的营销心理方法，以激发消费者积极的情感，促进营销活动顺利进行。

（3）文化模式。利用一种传统文化或一种现代文化，使企业的商品及服务与消费者的消费心理形成一种社会文化气氛，从而有效地影响消费者的消费观念，进而促使消费者自觉地接近与文化相关的商品或服务，促进消费行为的发生，甚至形成一种消费习惯和传统。

（4）美化模式。由于每个消费者的生活环境与背景不同，对于美的要求也不同，这种不同的要求也反映在消费行为中。人们在消费行为中求美的动机主要有两种表现：一是商品能为消费者创造出美和美感；二是商品本身存在客观的美的价值。这类商品能给消费者带来美的享受和愉悦，使消费者体验到美感，满足其对美的需要。

（5）服务模式。对企业来说，优越的服务模式，可以征服广大消费者的心，取得他们的信任，同样也可以使产品的销售量大增。

（6）环境模式。消费者在感觉良好的听、看、嗅过程中，容易产生喜欢的特殊感觉。因此，良好的购物环境，不但迎合了现代人文化消费的需求，也提高了商品与服务的外在质量和主观质量，还使商品与服务的形象更加完美。

（7）个性模式。为了满足消费者个性化需求，企业开辟出一条富有创意的双向沟通的销售渠道。在掌握消费者忠诚度之余，满足了消费大众参与的成就感，同时也增进了产品的销售。

（8）多元化。现代销售场所不仅装饰豪华，环境舒适典雅，设有现代化设备，而且集购物、娱乐、休闲为一体，使消费者在购物过程中也可娱乐休息。同时也使消费者自然而然地进行了心理调节，从而还能创造更多的销售机会。

第三部分

互联网营销
策略创新

09

营销"心理学"

动物可能会因为看到圆月就嚎叫，或者看到某些特定的颜色就变得富有攻击性，动物身上这种机械性反应在人的身上也存在，当触发到某一个特征时，人们往往会做出下意识的反应，之所以出现这样的行为特征，其背后的原因可能是我们被潜藏的心理工具给摆布了。

对企业而言，利用消费者类似的潜藏心理进行营销，能让公司产品或销售更容易获得预期效果。

第一节　定价要讲策略

大型企业在定价上具有优势，能够花费大量的资金进行市场调研，最终找到定价的最优策略，但小公司往往囊中羞涩，无法在产品定价上奢侈花费。但幸运的是，心理学可以助企业一臂之力，基于心理学领域的研究，某些特定的价格能够带来意想不到的效果，就算无法让企业产品价格达到最佳平衡点，这种基于心理学研究的小程度价格调整，也能为企业带来威力十足的营销效果。

一、定价要让消费者感觉舒服

（1）利用数字魅力定价。在过往几年中，营销领域中"9"的定价策略盛行一时，市场中到处可见到定价为 9.9 元、199 元、2499 元等的产品，且该策略也成功地为企业创造了更大的销售价值，但还有一些其他较为实用的数字魅力定价策略。

（2）让价格变得更流畅。读起来非常流畅的价格更容易让消费者留下印象，进而产生购买行为。如 168 元相比 167 元、169 元读起来更为流畅，消费者更容易记忆，进而产生购买行为。

美国有学者研究发现：如果一个产品的价格能够被流畅地说出来，将会激发消费者的情绪化购买。如果消费者能够快速处理这个价格数字，那么这个价格在消费者心中就是正确合适的价格。

（3）让价格最左边数字减 1。当产品价格左边数字变化时，数字魅力作用更加凸显。4.50 元相比 4.49 元，可能没有多少作用，但是 4.00 元和 3.99 元相比就会产生巨大差异，消费者往往下意识地认为后者便宜的幅度远大于 1 分钱。人类的大脑处理数字信息特别快速，完全是下意识的，往往数字还没有解读完毕，大脑就已经对其编码了，消费者眼睛先扫描过的是 3，那么大脑立刻会把这个数字大小先行进行定位，于是产生 3.99 比 4.00 小得多的概念。

二、用价格来塑造消费者印象

著名学者莱昂纳多·达·芬奇曾说过"我们的认知起源于我们的印象"，人们对所有事物的理解本质上都来源于自身的主观印象。

在营销领域，价格也是一种印象，世界上没有绝对的标准能够定义出一个数字是高还是低，价格高低完全取决于消费者的主观印象，如当一件产品旁边出现一个参考价格时，人们往往会根据参照价格来判断该产品的价格高低。因此，企业在产品定价时，可以左右消费者的印象，让产品在没有修改实际价格的前提下看起来更低。

将价格拆开来报。当前，网购已成为耳熟能详的事物，每天有大量的消费者选择在网上购买商品，也有大量的商家选择在网上售卖自己的产品，消费者在购买商品时往往会利用基础报价来进行对比，而不是完全到手的总价，这时商家可以把非产品的费用如运费、手续费给剥离出去进行分开报价，这样会得到更多的订单。

淘宝曾做了一个调查，把一件衣服分两种方式销售：

第一种以 98 元出售，运费全免；

第二种以 89 元出售，外加 9.99 元的运费；

结果第二种销售方式订单量更高，虽然第二种销售价格总体上高于第一种，但是消费者往往只会把 89 元与 98 元进行对比，从而认为第二种产品更便宜。

让商品分期付款。分期付款的方式能够让商品显得更加便宜，相比一个巨大总价，分期付款不会给消费者传递较大的压力，消费者往往会选择进行分期付款。

一台 4900 元的电脑，通过 5 次分期付款方式来购买，消费者每次只需支付 999 元，这样很容易让消费者形成 999 元买一台电脑和 4900 元买一台电脑的对比模式，从而让商家获得较大的竞争优势。当然，实际上消费者都会知道自己最终会多付出 95 元，但消费者接受价格是一个瞬间的过程，让消费者在瞬间形成更便宜的印象，更有利于商品的出售。

该种方法还可以做到极致，把价格平摊到每一天，这样价格数字会更小，更加吸引消费者的注意力。试想一下一台 4900 元的电脑，标价 55 元是多么劲爆的画面（分期 90 天）。

让参考价格最大化。把产品价格放置于一个大数下边，让消费者先接触到较大的数字，再接触较小的数字，较小数字价格的产品更容易售卖。

消费者在 4S 店购买汽车时，往往花费数十万购买一辆车后会再花费几千元购买一些车的小配件，这些小配件在店外单独购买时或许更为便宜，但是消费者因为受到数十万较大数字的影响，对几千元的数字敏感度已经大为降低，因此作出购买行为更为容易。

此外，还可以通过视觉表现，让参考价格更具有衬托作用，如某件商品"原价 49 元，现价 36 元"，商家在价格显示板上可以故意把"原价 49 元"写得更大一些，"现价 36 元"写得相对小一些，这样消费者潜意识就会认为现价"低"了很多，从而产生购买行为。

三、刺激消费者的购买欲望

消费者经过各种心理暗示后，在最终购买产品时或许仍旧会犹犹豫豫，这时商家就需要进一步推动消费者做出最终购买决策，这个推动的方法包含两个：降低支付过程痛苦和利用优惠或者折扣刺激购买。

降低支付过程痛苦。商家让消费者先花钱，再消费，这种方式可以让商家和消费者都受益，作为商家可以快速回笼资金，快速完成销售，作为消费者可以在使用产品或者服务时更为开心，因此消费者注意点在付完款后都转移到了即将到来的好处上，抵消了支付的痛苦。

如健身房的营销方式，消费者先付款办理健身卡，之后可以在一定时期内随时去健身，消费者在付完款后注意力往往集中在健身房未来将给自己带来的乐趣，从而对花费的金钱也不再那么痛心。

让消费者注意力转移到与时间有关的方面。商家在销售商品时，不要让消费者注意力集中在金钱上，而是将其引导到更有价值的事物上。

有研究者曾对一个柠檬汽水商店展开研究。他们通过三个角度来给商店打广告：

时间方面："花一点点时间，来享受某某柠檬水吧。"

金钱方面："花一点点钱，来享受某某柠檬水吧。"

中性："来享受某某柠檬水吧。"

参与的实验者，需要在 5 块钱和 10 块钱之间选择自己愿意出的价格，结果与时间相关的广告实验者出价更高，几乎是其他两种方式的两倍，其愿意出钱的实验者也是其他两种方式的两倍。

有策略地使用折扣。打折不是越多越好，不恰当的打折方式反而会给公司带来损失，折扣策略需要注意的有两点：一是不能优惠力度过大，二是不能太过频繁。打折的时候要让消费者更易理解，如 200 元的商品八折销售，可以直接标识为 160 元折扣 40 元，让消费者直观地看到自己享受的优惠。

同时，打折的时候要给一个合适的理由，一件商品只打折不给理由往往会产生负面效果，如消费者会认为店家产品滞销所以打折，从而购买的意愿就大大降低。

四、让收入持续增加

一个消费者购买商家的产品后，并不意味着营销的结束，购买完商品后该消费者已经成为商家业务的一个端点，这个端点是可以无限延伸的，商家可以向其提供更高级的产品和服务，也可以让消费者重复购买同一款产品，或者让其推荐别人来购买，这个端点可以延伸出许多的营收渠道。因此对商家而言定价不仅仅是一个短期的策略，更是一个长期的策略。从长期来看，商家定价需要做到两个方面：一是在无人觉察的情况下提升价格；二是不能让定价策略损害店铺的声誉。

无人觉察下提升价格。在现实中，许多商家往往把涨价视为最后的解决办法，店铺万不得已不会采取这个策略，但是一旦到达这种地步，店铺又迫切需要现金流，一点点的价格涨幅根本不能满足需求，这就促使产品价格的涨幅较大，让消费者容易捕捉到，引起消费者的不满，从而损失大量的用户。其实，商家可以在店铺业绩良好的情况下，逐步、轻微地提升价格，比如从 10 元涨到 11 元，再涨到 12 元，以此类推逐步涨到 15 元，而不是一下子从 10 元涨到 15 元，这样消费者有一个逐步适应的过程，而不会产生太大的不满，同时商家的收入也得到逐步提升。

除了涨价以外，商家还可以不变动价格，把产品或服务的内容进行缩水，以达到增加收入的目的，比如肯德基薯条，为了应对成本上涨，店铺维持 9 元的价格不变，但薯条分量逐步降低，从而达到不知不觉中提升收入的目的。

避免定价策略损害店铺声誉。首先应该注意的是不能使用引诱消费者购买高价商品的策略，这个策略具体操作为：商家推出一个非常具有诱惑力的低价，消费者被吸引过来，但发现这个低价产品早已卖光，然后店铺向消费者推荐一个更贵的产品。这种行为是不道德的，甚至可能会触犯法律，极容易引起消费者反感。

比如北京市许多房产中介，在店铺外边张贴低价但户型好的房源信息，引诱消费者入店咨询，但又告知该房源已经销售完毕，趁机向消费者推荐其他更贵的房源，这种策略往往得不到好的营销效果，且往往引起消费者的抵触情绪，以致远离这家店铺。

另外，店铺需要谨慎使用歧视性定价策略，歧视性定价策略源自经济学，意思是商家为求得最大利润，针对不同人的消费能力、财力背景来定价，造成不同人群面临的价格高低不一。虽然该策略在理论上成立，但在现实中，往往会让消费者感受到歧视，会为消费者的后续消费埋下伏笔。

第二节 "渴望" 让消费者成为忠诚用户

当前，支付宝、微信、滴滴、美团外卖等各类软件服务充斥在人们的生活中，每个软件都有数以亿计的用户数量，阿里巴巴、腾讯、滴滴打车、美团等互联网公司也依靠这些软件赚取了大量的金钱。人们不禁要问为什么这些公司能够拥有如此多的用户，**是什么让每个用户每天都使用他们的软件，保持如此高的忠诚度？**

有研究表明，每个人日常行为中的80％都是由习惯主导的，比如早上起来洗脸、刷牙、看手机、抽烟等行为，这些习惯性行为可以让人们不由自主地去完成并每天保持重复，这些互联网公司正是利用了这一点，才让用户保持了如此高的忠诚度。

滴滴打车通过持续性补贴让众多消费者习惯于网上约车，支付宝通过扫码付款让商家和消费者都习惯于线上支付，微信通过微信晒图及分享让大众习惯于"刷朋友圈"等，互联网公司通过各种各样的方式让用户形成习惯，把服务跟用户的日常和感情捆绑在一起，之后公司无须依靠昂贵的营销手段就能获得巨大的收益。

这些用户习惯的建立是如何形成的呢？或者说习惯形成的内部触发机制是什么呢？答案就是制造渴望。

渴望的制造一般包含触发、行动、可变奖励、贡献四个步骤，其中触发是行为驱动器，是渴望制造的出发点，包含了两种类型，即：内部和外部。用户习惯的养成始发于外部触发的提醒，外部触发的表现形式可以是电子邮件、网站链接或者软件图标等，如某人网上碰到一张搞笑图片觉得很有意思，然后根据图片链接找到了图片的来源软件或者网站。而内部触发则是渴望制造过程循环往复后，让用户产生的行为和情绪依赖，此时用户只要具备某种感觉就能产生内部触发，内部触发变成了用户日常生活习惯的一部分。

用户通过外部触发开始接触到软件或者其他服务后，就会产生行动。

此时企业需要利用人类行为的两大推动因素——动机和能力。为了提高用户采取行动的概率，公司软件或者服务的行为设计者需要揣摩用户的意图，把操作或动作设计做到尽可能简单，比如用户点击一下界面就可以立马看到需要的内容，或者几个简单的操作就能达到预期效果。

此外，渴望制造路径与单纯的反馈回路是有区别的，渴望制造路径可以产生需求，而反馈回路并不能制造渴望。

比如打开冰箱的动作会导致里面的灯亮，但这不会促使人们不断重复这个动作，可如果在其中加入可变化的东西——比方说打开冰箱就会产生神奇的事情，人们开冰箱门的渴望就被制造出来了。

因此，在用户产生行动后，公司需要给以奖励，对用户产生激励，让用户期待做出某类动作。同时，这个奖励需要具备可变性，可变的奖励会令用户渴望效果倍增，创造出一种疯狂追逐状态。

比如，当用户通过链接进入网站后，发现网站中不仅仅存在他感兴趣的事物，还存在着很多相关或者不相关的、诱人的、美丽的东西，这会让用户更加兴奋，花费更多时间在网站上。

渴望制造过程的最后一步就是贡献，该阶段需要实现两个目标：一是让处在兴奋状态的用户付费购买产品或服务，二是提高用户下一次处于渴望制造流程的概率。贡献的表现形式一般是请用户付出一定的时间、信息、金钱等的组合，如填写个人信息成为会员、购买服务等。贡献一般是没有终点的，目标不是让用户购买完产品或服务后就置之不理，而是承诺下一次服务更好，让用户保持更高的黏性。具体做法有让用户邀请好友，留下自己喜好的信息，或者为用户打造虚拟资产等，这些用户的贡献可以让下一次的触发更为精准，用户行动更为简单，用户对奖赏更为兴奋。

最后，未来信息化、数据化将成为各行各业发展的趋势，企业能否设计出完善的渴望制造机制将成为公司业务成功与否的关键。

第三节 "互惠" 让消费者变得顺从

在日常生活中，别人给予我们什么好处，我们会尽量回报，其内在逻辑是别人给予我们好处后，人们伴随而来的是亏欠感，这种亏欠感督促人们给予别人回报。我们将这种所谓的相互给予对方的现象称为"互惠"，又叫礼尚往来，是人类文化的一个典型特征。**那么"互惠"如何在商业中，让消费者变得更顺从呢？**

"互惠"一般有两种规则，一种别人给我们恩惠，我们由于自身的亏欠感，会给予对方类似的回馈；另一种较为微妙，别人给予我们一定程度的退让，我们也会做出相应程度的退让。这两种简单的规则，让消费者在日常生活中不由自主地被商家控制，顺从地购买了一些自己本来不需要的东西。

赠送免费样品的营销手段人们已经耳熟能详了，这种营销方式非常管用，通常的做法是商家向潜在客户免费赠送少量的产品，表面上该行为的目的是商家让客户了解到自己的产品，但其奥妙在于客户一旦接受了免费样品，就会自然而然地产生亏欠感，下一步就很容易接受推销人员向其推荐的产品了。

在超市里，服务人员会向来往顾客递上免费样品，在品尝后或者使用完赠品后，如果仅仅把牙签或者杯子还回，会让大部分人觉得难为情，毕竟刚刚接受了别人的恩惠，于是就会购买一些产品，哪怕他们本身并不喜欢这些产品。

安利在美国的销售模式就充分利用了这种"互惠"原理。公司在销售人员的《操作手册》中规定，可以把"臭虫"这款系列产品（包括若干家具抛光剂、清洁剂、洗发水）免费留在消费者那里一天、两天甚至是三天，不需要消费者承担任何义务，推销人员只需要告诉消费者，希望他们试用这款产品即可。等试用期结束后，安利的推销人员再回来，这时往往能够顺利拿到客户的购买订单。同时，消费者往往不能把产品用完，推销人员还可以将剩下的部分拿到下一家继续试用。

安利通过这样的方式，迅速地从一家地下室办公的公司，发展成为年销售额 15 亿美元的大公司。

"互惠"的第二种规则，比直接给人恩惠再索取更为微妙，而且能够让消费者更为驯服。试想假如某一天，我们在路边散步，突然来了一个小男孩，有礼貌地跟你打完招呼后，请求你购买 100 元的玫瑰花，你会直接掏钱购买吗？如果不会，那么他随之提出请你购买 10 元的玫瑰花，你还能拒绝吗？美国社会研究者就曾做过类似的实验，结果是大部分人都会选择花 10 元钱购买玫瑰花。

为什么会这样呢？其中的原理是什么呢？"互惠"的规则就是，别人对我们付出了，我们就会做出相应的回报，别人给了我们"退让"，我们就有义务也同样做出"退让"。小男孩做出了退让，人们往往就顺从地也做了退让，从不想购买转变为购买较低价格的玫瑰。

在生活中，我们会遇到这样的情况，某个朋友或者亲戚向你来借钱，起初假设他要借 10 万元，由于数额较大，许多人往往选择拒绝，但这时他突然提出要借 1 万元，我们会发现大部分人往往不会继续拒绝，而是借钱给他。

此外，我们在逛商场时，进入某家商店让服务员给介绍产品，他们往往会介绍最贵的，然后会逐步介绍价格较低的产品，直到我们可以承受的极限，其结果是大部分消费者都会选择掏钱购买产品。

我们进入商场的时候，会发现一楼往往是商品最贵的楼层，其背后的原因是什么呢？一方面，一层的地理位置决定着该处的租金成本更高，商品价格更贵；另一方面，一层的高价格能够衬托其他楼层的低价格，让消费者更有购买欲望，产生更多的消费。

这里包含了"互惠"和"对比"的思想，消费者看到商场楼层价格的退让，同时不同楼层价格的对比，与消费者的亏欠和占便宜心理相结合，促使消费者产生更强的购买欲望。

总之，**"互惠"让消费者内心产生亏欠感，让消费者在商品购买活动中被驯服，让商家的营销变得更为容易。**

第四节 "喜好" 让赚钱变得简单

大部分人总是更为容易答应自己喜欢或者认识的人提出的要求，这一点或许大家都觉得习以为常，但令人吃惊的是，有些商家利用这条简单的原理，让人们大量购买其产品。

美国有一家生产、销售塑料保鲜器皿的直销公司就是这方面的典型。该公司专门打造聚会式的销售空间，然后联系曾经的女性客户给予她们销售提成，让其邀请朋友到公司进行聚会活动，观看公司的产品展示，这样每个参与聚会的人员都会看在朋友的面子上或多或少地购买一些公司的产品，且朋友间的友谊、温情、安全感和义务感也会被传递到销售环境中。

该公司的消费研究人员曾检验过这种家庭聚会式销售策略的有效性：**在决定是否购买产品时，朋友间的社会关系影响要比消费者对产品本身的好恶强两到三倍。**公司经过统计，采用这种销售策略后日销售额突破了250万美元。有意思的是，与会的客户完全明白聚会时邀请人的提成情况，但所有人对此似乎并不介意。

此外，这种策略在实施时，哪怕销售现场没有熟人或者朋友也可以发挥作用，只需要稍微提一下熟人或者朋友的名字就够了。

平安销售人员在销售时就采用了这种策略，在客户购买完保险后，趁机施压向客户询问他还有哪些朋友可能喜欢这种产品，之后销售人员就去找这些朋友们，然后这些朋友又推荐其他朋友，如此就形成了一条"无穷链条"，使销售业务持续进行下去。

这种营销策略的关键之处是，销售人员每次在拜访潜在客户时，总会报出这个客户一个朋友的名字，说"某某人推荐我来找你的"，这时人们往往很难拒绝销售人员，因为把销售人员拒之门外就像拒绝自己的朋友。

"喜好"的影响力普遍存在，且在促使人们答应请求时力量强大。但在日常商业活动时，往往没有现成的熟人或者朋友关系可供利用，这时需要采用**一个直接的策略——让别人喜欢自己。**

一个人喜欢另一个人的理由有很多，总结起来包括：外表魅力、相似性、接触和合作、条件反射和关联等几个方面。人们总是利用其中的一点或几点让别人来喜欢自己，从而达到自己的目的。

外表魅力：外表好看的人在社会交往中往往占优势，人们往往会给长得好看的人主动添加一些正面特点，比如聪明、才华、可靠等，而且做出判断的时候往往受潜意识里"好看等于好"的观念影响。

招聘的时候这种效应最为明显，一项招聘面试研究表明，招聘者能够获得聘用，打扮是否得当比工作资历更为重要——只是往往面试官不承认。此外，长得好看的人更容易在需要帮助时获得帮助，且其话语更有说服力。

因此，外表魅力总是被营销人员利用，比如时尚服装展、车模等都是这方面最有力的证明。

相似性：人们往往喜欢与自己类似的人，不管相似之处是观念、个性、背景还是经历，人们总会有这样的倾向。因此，有些商家假装在若干方面跟顾客相似，从而讨得客户喜欢，以达到自己的目的。

比如销售人员在销售产品时，时刻观察客户的特点，假如客户有某个爱好，销售人员就会说自己也有这样的爱好，从而获得客户的认同感和喜爱。**这些相似之处看起来微不足道，但是却很管用。**

研究人员曾对保险公司的销售记录做过研究，发现如果销售员在年龄、宗教、政治立场、习惯等方面跟顾客相似，那么顾客购买保险的概率就会更大。

接触和合作：人们往往喜欢自己熟悉的东西，比如照相时人们往往喜欢自己的侧脸照而非正脸照，因为人们照镜子的时候，往往只能看到自己的侧脸。

为什么会发生这样的事情？

人们对待某种东西的态度是由先前接触它的次数决定的。有人曾做过一个实验，实验人员飞快地浏览几个不认识人的面孔，速度快到一闪而逝的程度，由于速度过快，实验人员根本无法记得自己见过这些人。随后，让实验人员跟这些图片上的人互动交流，工作人员发现一个人的面孔出现的频次越高，他越容易被实验人员接受。

我们曾遇见这样的广告：广告时间很短，台词很少，可能就一句话，但是在 10 秒内重复了三次；也曾遇到过这样的广告：广告到处都是，电线杆、墙体、地面等。这些广告虽然很简单，但是效果却让人意想不到。其原因就是，大量重复让消费者潜意识里熟悉广告中的产品，进而提升消费者对产品的接受度。

条件反射和关联：商家总是热衷于把自己的产品与文化热潮联系起来，比如找明星代言，在电影中植入产品广告等，这些方式往往能够让商家的产品销量得到较大幅度的提升，背后的原因是什么呢？

人们对一个事情的判断，往往依据过往的经验，因此一件事或者一件产品的好与坏往往由与其相关的事物来决定。"物以类聚，人以群分""近朱者赤，近墨者黑"等格言都是这个道理。

因此，商家总是想要把自己的产品与正面、热门的事物相联系，从而让消费者对产品有一个良好的评价。

第五节 大数据心理学——营销的未来

当前，人们已经认识到通过一个人的网上用户信息能够轻易地判别这个人的性格、偏好、智商等特征。在庞大的互联网数据中，埋藏着消费者、商家等极其重要的行为特征和商业模式。

谁掌握了这些数据和特征，谁就会在未来商业竞争中立于不败之地。

未来，营销工作将越来越多地由电脑来执行，且人类的参与度将逐步降低。虽然行业的整体发展仍由人类专家来掌控，但营销信息的发送，营销内容的选择，将会逐步留给电脑程序来执行。人类与互联网交流及互动的方式，已经亲密到产生情感的地步。

比如现在的大部分青年阶层都离不开手机，每天早上第一件事就是看手机，一旦手机找不到就会产生焦虑、烦躁等情绪。互联网越智能，人们越容易与其产生情感连接。那么，营销心理学如何与大数据结合呢？

一、电脑成为个人私人心理医生

我们把电脑或者手机的语音打开时，它们用某种语气对我们说："你今天看起来很疲惫，需要给你播放一个你喜欢的电影，来缓解你的情绪吗？"此时你会如何反应？

一台电子设备能够察觉人的情绪并与你感同身受似乎令人难以置信，但不出几年，具备这种功能的电脑将会普及。未来的电脑将擅长了解人们的情感需求，并做出恰当的回复，将能够通过摄像头追踪人类面部的二十多种特征点，并进行整合分析，从而解读人们的面部表情。

剑桥大学教授彼得·罗宾逊在记者采访时曾说："我们正在制造拥有高智商的电脑，这种电脑能够看透人们的心思，并了解人们的感受。电脑擅长理解人们通过键盘键入的内容，但未来电脑将不仅知道人们在说什么，还会了解到他们是如何说的，为什么这么说。"

当前，研究者也正在开发一种结合表情和姿势分析来判断情绪的系统，该系统目前推测的准确率约为65%，这一情绪识别概率几乎与人类相同。还有一些正在开发的系统，能够通过人们讲话的声调来推测情绪。

例如，沮丧的人会以某种特殊的方式说话，兴奋的人会用另一特定的频率和速度讲话。此外，日本工程师正在研发拥有情感的机器人，且已取得显著性进步。

二、私人定制化广告

斯皮尔伯格在2002年的电影《少数派报告》中首次提到个性化广告的设想。如今与之理念相类似的设备正在一些大城市里进行实地测试，当人们经过这些广告牌时，或者站在附近公交、地铁站时，这些交互广告牌能够识别人们的年龄与性别，从而提供针对性的广告图案。

纽约的一家机构已经开发出了一种系统，能够借助面部识别软件制作广告内容，并根据每个经过的人产生实时反应。这种广告的重点是人工智能，能够随着时间不断学习和提升，且这种软件可能自动在某个特定场合，特定的时间段播放某条广告。此外，软件系统也可以应用在了解消费者购买行为上，比如顾客看一条广告的时间，商场购物过程，购物时间，购物时段等。

未来，人们将会看到枯燥的零售与有趣的数字相结合，引发令人难以置信的销售方式的改变。广告将完全基于目标客户的确切位置和具体情况进行投放。

10

营销转化率

企业开展营销活动，无非是为了品牌曝光度和销售量以及利润额的增长，但许多营销人员抱怨：现在的营销太难做了。

首先，信息时代，消费者所接受的信息越来越多元化，企业的产品刚刚推向市场，就犹如石沉大海，被淹没在众多的声音之中。

其次，流量的引入越来越困难，生活节奏越来越快，消费者给予产品介绍自己的时间不会超过 30～60 秒，如果时间冗长，消费者不仅不会埋单，还会产生厌烦感。

最后，营销手段虽然无所不用其极，消费者的免疫力也随之逐渐增强，很难引起消费者购买兴趣。

综合来说，虽然企业的营销活动层出不穷，最终获得的效果却越来越不尽如人意。

其实这个问题并不难解决，只要找到问题的关键所在即可，比如：一款新的产品面市，消费者都会凭着好奇心去了解它的特点和内容，虽然时间和耐心都少得可怜，但只要产品的质量过关，品牌包装没问题的话，产品在市场上发出的第一声都会吸引一部分潜在用户过来，接下来就是如何利用最短的时间给予潜在用户的需求精准一击，促使他们实现购买行为，这就是将潜在客户转化为实际客户的过程，而转化成功的比率就是我们所说的营销转化率，也就是说转化率越高，企业实现的营销效果越好。

然而，这一环节的难点就在于如何在潜在客户给予产品的时间与耐心耗尽之前，让他们从钱包里把钱掏出来。

本章我们就主要来讨论一下，如何提高企业的营销转化率。

第一节　要 "流量"，更要 "转化率"

▶ 流量很重要

我们所说的 "流量" 是指关注企业产品的消费者，这部分人群是企业的潜在用户，最终形成购买的用户绝大部分从这些 "流量" 中产生，是企业实现产品销售和变现的最终环节，也就是说，没有流量，企业的产品是无法销售出去的，反之，拥有可观的流量，就意味着企业的品牌有着相当广泛的社会认知，所以，流量很重要。

▶ 转化率更重要

利润＝销售额×净利润率

　　　＝（购买人数×客单价）×净利润率

　　　＝（进店人数×购买转化率）×客单价×净利润率

$$= \begin{bmatrix} 广告展现×广告转化率＋ \\ 推广展现×推广转化率＋ \\ 搜索展现×搜索转化率＋ \\ ***展现×***转化率＋\cdots \end{bmatrix} ×购买转化率×客单价×净利润率$$

从上述的推导公式中，我们可以清晰地了解到，在整个销售过程中，涉及两步转化过程，分别为：

第一步：展现转化率。即看到产品的展现时产生进一步了解兴趣的消费者，占总体产品曝光次数的百分比。

展现转化率是营销流量的真正入口，这部分消费者的数量间接影响着形成交易的销售额大小，如果产品的展现转化率为 50％，10000 人中就有5000 人愿意继续深入了解一下产品，但如果仅有 5％，那就只有 500 人愿意进一步认识产品，这个体量之间的差别可想而知。

第二步：购买转化率。即真正实现交易的消费者数量占总流量的百分比。

购买转化率直接决定了销售情况，如果购买转化率为100％，总流量有100人，那么就有100个人购买，如果购买转化率仅有10％，总流量还是100人，那么最终只有10个人购买。

讲到这里，也许有人会说：只要产品本身拥有的展现体量和流量足够大就行了，何必要在意转化率呢？

比如，产品有10万人次的品牌曝光，5％的展现转化率就有5000人的流量了啊，同理，流量多了，购买的人就多了。

这逻辑是没有错的，但是逻辑的根源出现了问题，将产品曝光给10万人和1万人完全不是一回事，需要投入更多的时间、资金和人力成本，同时，大体量的潜在客户维护和营销活动的实施也需要付出更多的成本，与其花更多的心思在扩大体量和流量上，为何不将现有流量的转化率做到极致呢？

反过来讲，如若你的企业本身就有很大体量的用户，再追求更大的曝光量是十分困难的，在此基础上，提升转化率不是更加如虎添翼吗？

第二节　购买行为模型

购买行为＝购买动机＋购买能力＋购买触发器

购买行为：消费者最终形成支付的行为。

购买动机：直接驱使消费者实行某种购买活动的一种内部动力，反映了消费者在心理、精神和感情上的需求，实质上是消费者为达到需求采取购买行为的内部推动力。

购买能力：消费者的收入、存款、平时的消费水平等消费者完成购买所具备的综合条件。

购买触发器：这是一个比较特殊的物质，是消费者实现购买行为的诱因。良好的触发器可以大大提升消费者购买行为实现的概率，它可能是一句话、一段故事、一张图片、一个比较，归根到底，触发器是企业依据消费者购买过程中的心理需求而制定的有利于促成交易的关键环节。

我们首先要了解一下用户购买行为的组成部分，通过上述公式，我们不难看出，购买行为的实现，主要是购买动机与购买能力同时存在的基础上，匹配适合的购买行为触发器。

如图10－1所示，阴影区域为由触发器引发的购买行为，消费者购买的动机和能力越高，实现购买的可能性越大。

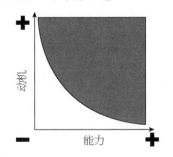

图10－1　购买行为要素之间的关系

打个比方来说，一位白领早上去上班，由于没吃早饭，感觉很饿，那么他就拥有了购买早餐的动机；一顿早餐5～10元，作为一个普通白领来说，完全具备购买能力，那么一路上众多的早餐店中他会选择哪一家来购买早餐呢？这就需要一个触发器，将购买行为触发出来。

必须注意的是，触发器只有在动机和能力同时足够的时候才能成功触发。还是同一个例子，比如一路上的早餐店面很多，都具备了触发购买行为的点，但是，如果这位白领早上吃了早餐，一点儿都不饿，或者身上一分钱都没有，那么再完美的触发器也是徒劳。

构成用户购买行为的三个因素之间是互相影响的，若动机足够强大，则可以促进人们购买能力的提高。

比如：你十分希望得到一个全新的 iPhone X 手机，会首先来衡量自己现在的能力，从经济角度来看，你现在的存款可能还不足以支撑购买，那为了能得到这款手机，你会节衣缩食，攒几个月的钱；从渠道角度来说，可能网络上和实体店没有现货，你要去多方打探消息，看哪里能买到货真价实的 iPhone X。

反之，能力足够强大，也可以弥补动机的不足。

比如：你足够富有，虽然你有车开，有房住，但你依然可以支付对你来说九牛一毛的资金来购置新的车和房。放眼当今社会，家里几部车、几套房的人比比皆是，他们的购买动机其实并没有那么强烈，但当所具备的能力让感觉获得某些物质非常轻易时，购买行为实现的比率也会大幅度提升。

而触发器是当能力和动机兼备时，引导消费者选择某一具体产品时所涉及的提升购买转化率的关键环节。

因此，要实现消费者的购买行为，就要从构成用户购买行为的这几个要素进行优化。

第三节　购买动机

简单来说，购买动机就是人的欲望，人们通过不同的手段从外界获取物质，来满足内心的欲望，反过来说，欲望就是促使人们不断索取的基本动能，购买动机越强烈，购买行为实现的可能性越大。购买动机是人们内心深处的需求，也称之为购买行为构成的主观因素。

用户购买动机应该从哪些方面进行优化呢？（见图 10－2）

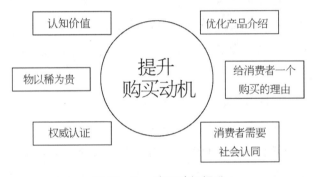

图 10－2　购买动机提升

一、优化产品介绍

产品和服务的描述越引人注目，越可以大大提高用户的购买欲望和动机。

文字解释仍然是产品介绍的基础形式，一般来说，人们愿意用文字的意思来带入产品的内容。

同样一张一寸人物照片，如果照片配文是关于犯罪事件的描述，那么这个人会让人感觉面目可憎；如果配文是企业家简介，照片上的人会让人感觉干练有能力。

因此，产品和服务映入消费者眼帘的第一句话给人的感觉，很大程度上决定了消费者对于产品和服务的态度。关于产品和服务的介绍需要采用打动人心的语言与方式，这是最初影响消费者产生购买动机的环节。

表 10—1　优化产品介绍

传统产品介绍	优化产品介绍
产品信息	这里是关于……产品的信息
优势	客户购买的理由
欢迎光临	质量认证、国际标准、官方授权
点击产品详情	这里有你最想要的产品清单

二、给消费者一个购买的理由

消费者在接收到产品信息时，对其产生了初步的认识，那么消费者继续消费行为则需要一个理由，说到这里，有一个非常有趣的实验，那就是复印机实验。

这是在美国一所大学中所做的一个小测试，很多人都在排队使用同一台复印机，这时候你希望能够第一个使用，若你和排队的人说明一个理由，比如，我赶着去开会之类的，你能够第一个使用复印机的概率非常高，可以达到95%左右，而你不加任何理由地，只是跟排队等待复印的人说，我希望第一个使用，那么你成功的概率将会降低至50%以下。

从这个小实验中，我们不难看出，当你希望达到某种目的时，你需要给到能帮你实现目的的人一个理由，这个理由不论真假，成功率都会大幅度提高，这表明，人们在采取某种行为的时候，需要一个理由来作为心理支撑，他们并不在意理由的真实性，只需要能够说服自己去做或者不做就可以了。

一位女性顾客在众多产品中挑选化妆品的时候，你可以向她推荐一款特定的产品，并告知她，这款产品某某明星（当然，不能是被大多数人讨厌的明星）也在使用，她所需要购买这款化妆品的动机就会大大提升，其实，这位明星是不是真的在使用，谁都无从考证，但这仅仅是给了消费者一个购买的理由。

三、消费者需要社会认同

社会是由众多的个人组成的关系群体，不可否认，除了自然属性之外，社会属性是消费者立身社会中最重要的一重身份，所以，社会认同是社会人内心的共同需求。

社会认同，可以通俗地理解为从众心理的满足，但其中的区别在于，社会认同的主语是个人，是指社会中大部分人都认同个人的做法和想法，而从众心理的主语是大众，是指个人服从大部分社会群众的做法和想法。从结果上来看，两种情况是相同的，都是个人与大众的行为和思想达成一致，但从心理上却有很大区别，社会认同的主导者是消费者个人，而从众难免让人感觉个人没有主见。

众多的营销案例表明，在消费者进行购买行为的时候，如果能够得到适当的社会认同，则会大幅度刺激消费者的购买动机。

如何才能让消费者感受到社会认同呢？

向客户展示历史消费者的交易记录

把理想的行为进行精准描述

所有数据不要用整数表示

当消费者看到产品的历史消费者的交易记录时，能感受到一个个真实的个体与他站在同一战线上，在社会认同的心理效应驱使下，消费者会产生"至少这个选择不会有太大的错误"的想法，也就更加提升了购买动机；而对理想行为进行精准描述和描述数字不要用整数表示，是为了增加说服客户相信产品的证据的可信度。

一家企业向客户介绍："已经有1097人在28天内成为我们的会员"，就比"1000人在一个月内成为会员"具有更强的说服力，客户从心理上会认可数据的真实性和可信度，当然，谁也不会去把这1097个人都挨个验证一遍。

四、权威认证

由于信息的不对称性，消费者在购物过程中，会产生相当大程度的畏惧心理，担心钱花了，却买不到理想的产品，甚至害怕上当受骗，营销人员说得天花乱坠，已然难以避免让消费者产生"王婆卖瓜、自卖自夸"的想法，但如果由第一个公信力很强的第三方权威机构对产品进行保证，就很容易让人相信。

在消费者了解产品的过程中，能够出现权威机构的认证，或者从侧面展现产品可信度的介绍要着重体现。

比如："该产品于 2017 年被国家质量监督局评选为质量信得过产品""2017 年度最佳……""央视 1 套新闻曾报道过……"等，都可以让消费者对产品产生信赖感。

调查显示，具有权威认证的产品对消费者的刺激要比不具备权威认证的高出 57%，消费者在购买产品时，是否有权威认证是一个非常重要的衡量标准。

五、物以稀为贵

大家有没有发现一个有趣的事情，一罐糖果，每天吃几颗，你会发现，越快要接近瓶底的糖果越甜？

其实，这是心理作用，越临近瓶底，糖果的数量越少，越显得珍惜。

市场营销中也是同样的道理。

举一个简单的例子，当我们去购房中心买房时，房屋销售人员会说，这房子刚出来没多久就被抢得差不多了，要买得抓紧时间，目前仅有 5 号楼的 2 层、7 层和 13 层还有房源了，要的话先把定金交了。

我们很希望能买到这套房子，当听说房子数量已经所剩无几时，这个机会会在我们的心里显得尤为重要，许多人可能会当下就交定金准备首付。其实这些都是销售人员惯用的伎俩，可不得不说，这种做法十分有效，直接将消费者的购买动机激发出来。

那么日常的营销活动中，物以稀为贵如何体现呢？

限时抢购，逾期不候

限量销售，先到先得

仅剩……件（数量单位）

仅剩……天（时间单位）

六、认知价值

"当你足够了解我，你会爱上我"，这是每款用心在做品质的产品的心声。

经心理学家研究，当消费者对产品价值有了充分的了解，其购买欲望会有大幅度提升。其实原因很简单，第一，产品的所有内容，从生产工艺到生产流程都被消费者所熟知，在购买和使用的时候，就会感觉很有保障，不会受到欺骗；第二，**消费者了解产品的程度越高，对这款产品的感情越深，这和人与人相处是一个道理，当你和他足够熟悉的时候，他的优点会被放大，缺点会被忽视，这是感情维系的结果。**

因此，尽量让消费者更深入地了解产品，甚至参与产品的研发和生产与流通环节，让他们之间产生感情，产生信任，能很大程度上刺激消费者的购买动机。

国内某牛奶品牌，经常会邀请消费者来到奶源基地、生产基地、加工基地参观，让消费者切身感受到他们每天饮用的奶，是纯天然无污染的，并将其做成宣传视频。

第四节　购买能力

购买能力是消费者实现购买行为的另一个重要组成要素，它指的是消费者购买过程中能够完成购买的能力体现。一般而言，购买能力都是由外界事物主导，比如：资金不够，买不起；操作太复杂，理解不了等，因此，我们将其称为客观因素。

购买能力表面上是客观因素，貌似我们在营销活动中的无能为力，其实并不然，在营销过程中，依然有许多内容可以被优化，以提高消费者的购买能力。

一、减少分心

前文提到过，当今时代，科技水平爆炸式增长，不同的信息不断侵袭着人们的思想，使得消费者停留在具体产品的时间和耐心越来越少，所以，**企业在向消费者传输产品信息时更要直击重点，不能拖泥带水，左顾右盼，否则，只会让消费者更加混乱。**

也就是说，企业要规避掉所有造成消费者注意力分散和脑力消耗，又不能对最终产生交易的无用信息，将空间和时间留给有较高概率说服消费者购买的内容。

一家企业的销售网站，为了表现企业的产品和服务做得很周到，网页上堆砌着琳琅满目的商品，还散布着各种各样的信息以及客服留言等内容，消费者打开时只会被繁杂的信息搞得头晕脑涨，无从下手，他们不会慷慨地给出足够的时间来分析网页的内容分类，并从中找到自己觉得合适的产品和服务，在畏难情绪的怂恿下，很可能关掉网页去寻找新的内容。

因此，**企业在进行产品宣传时一定要分清主次，让消费者的注意力成线性趋势向某类或某种具体产品的深层次发展，**至于那些让消费者的思想偏离主线的事物要全部删除，让他们在一个宽松和缓和的环境中"心无旁骛"地与产品进行交流。

同时，**对于特定产品和服务的介绍，也要简明扼要，太多的形容词和副词会让消费者产生了解障碍。**

研究表明，每一个词需要人类的大脑花费 250 毫秒来处理和消化，如果你的产品介绍洋洋洒洒几百个词，消费者会逐渐显得力不从心，但如果你能将你的产品介绍精简到 100 个词，那就为顾客节省了思考时间。

二、简化选择

大多数时候，人们的苦恼在于选择太多。这是降低购买能力最显著的一点。

有一家电商企业，是卖水杯的，产品质量很好，很符合年轻人的品位，但就是销售量一直上不去。后台数据显示，每天的访客很多，但成交率却低得可怜，老板试图降价促销，做各种营销活动，依然收效甚微。百般无奈之下，老板求助于专家，经过对产品的初步了解，专家发现了一个很大的问题，就是他的每款水杯都会设计十种不同的颜色，并且类似款式的水杯也有七八种，甚至有一款就只比另一款多出了一个小挂饰，不看产品编号根本无法发现这是两款水杯。专家问他为什么，他说，"众口难调啊，我经过市场调研后发现，许多人对颜色的偏好很特殊，喜欢什么颜色的都有，同时一些小习惯都需要照顾到"。

相信大家也都发现这位老板的症结所在，产品多而繁杂，**很多时候消费者自己都不知道自己用哪种颜色比较合适，而他恰恰又给消费者出了一道难题**，强迫他们必须在其中选出一个自己喜欢的，那不好意思，消费者只能选择放弃。

后来，通过对产品进行优化，每款水杯仅留下 5 种颜色，相同款式的水杯仅留下一类，其他全部砍掉。产品优化后的第一个月的销售量就增加了 216%。

由此可见，简化选择能够大幅降低消费者的购买难度。当然，简化选择的最终形式，就是帮客户做选择，告诉客户："你现在就需要这个。"这是客户最想看到的，也是购买能力实现最大值的体现。

那么，**如何为客户做选择呢**？

（1）**要足够了解客户的需求**。不需要去做大规模的市场调研，当客户进到你的店面，或者登录你的网站，他一定是带着需求来的，其实仅需要三言两语的询问，就能判断出用户的真实需求。

（2）**要足够了解自己的产品**。将产品的功能、特点以及价格等属性印在脑海中，当从客户那儿获得信息后，立刻进行产品筛选，选出最合适的产品进行推荐。

（3）**给他们认为正确的理由**。产品的推荐，需要一个合适的理由，这个理由也许并不需要正确的逻辑来支撑。

一家服装店曾经发生过这么一件趣事，货架上摆放了同一款式但两种颜色的衬衫，一件蓝色，一件红色，由于品牌、质地都一样，仅仅颜色不同，所以售价都标注了43美金。经过调查发现，询问这款衬衫的消费者仅有20%的人产生了购买行为。

经过考虑，老板将两种颜色的定价做了修改，红色衬衫标价44美金，蓝色衬衫标价42美金，经过一段时间的观察发现，两种颜色衬衫的转化率达到了77%。

这表明，**无论产品是贵还是便宜，消费者只需要一个区别性的理由，能够帮他们做出选择，至于为何售价上有区别，消费者根本不在意**。

第五节　购买触发器

有没有这种感觉，智能手机 APP 上的提醒的呈现方式让你不得不点（尤其强迫症患者）？其实这是一符合消费者心理的触发器，提醒不消失，总觉得看手机的时候怪怪的。

设计实用的触发器可以大大提高消费者购买的转化率，也就是说，当消费者有意愿和能力购买某种产品时，成交的概率会在触发器的推动下大大增加。

那么，如何才能设计出具有效果的触发器呢？（见图 10－3）

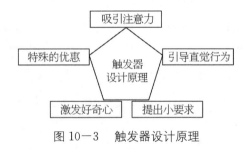

图 10－3　触发器设计原理

一、吸引注意力

还是以早餐为例，谁的餐食最能吸引消费者的注意力，那么谁就最有可能促成购买，也就是说，**能吸引消费者的注意力是非常有可能触发消费的。**

接下来我们来看看怎么样才能吸引消费者的注意力。

（1）动态事物

人类的视神经对于运动的物体是最敏感的，这也就是临时停泊和转弯的车辆的车灯都以一定频率闪烁的原因，它能够最大限度地引起其他人的注意，唤起自我保护意识；电脑上的 qq 接收到信息时，除了发出消息提示音以外，qq头像会在任务栏里一直闪烁，直到你查看消息之后，才恢复静止，这也是吸引注意力的一种手段，让客户时刻保持对产品的注意。

其实，**所谓动态事物不一定非要它真的一直在动，能给消费者制造幻想的动态也是可以的。**

比如"注意落石"的警示牌，虽然是一张静态图（见图10－4），但石头悬在空中，让人产生了石头时刻会掉落下来的幻觉，这样的做法也可以达到吸引注意力的目的。而往往这些能够让消费者自己感知到动态的内容更加具有吸引力。

图10－4　动态更加引人注意

（2）非规则图形

人们很喜欢规则的图形，但不规则的图形最能吸引人注意。其实所谓非规则的图形，倒不如说是与周边环境格格不入的图形，例如图10－5。

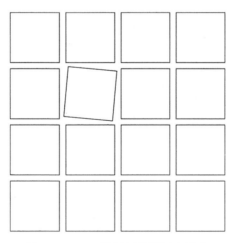

图10－5　不规则图片更引人注意

相信你一眼就能先看到让你不是很舒服的地方，也正是这个地方让你最注意，这就达到了营销的目的。

（3）熟悉的事物

消费者熟悉的事物更能引起内心的共鸣，当一些具有年代属性或者阶层属性内容出现时，消费者会在心里给予肯定。

健力宝饮料，在 20 世纪八九十年代的时候曾经风靡全国，那个时候喜欢喝饮料的孩子们现在已经长大，成为社会的中坚力量，中间沉寂了 20 年的品牌再次步入市场时，引起了强烈反响，这些人都想品尝一下童年的味道，也就大大触发了消费者的购买行为。

二、引导直觉行为

人类的直觉行为是指在大脑接受某样事物刺激时，在经过思考之前所产生的应急性反应。

经调查显示，**消费者对某款产品的思考时间越长，成交率越低，**因为，消费者产生购买意向时，身体内会分泌出多巴胺一类的化学物质，麻醉大脑的理性判断，但随着时间的延长，多巴胺的分泌会逐渐减少进而消失，消费者的意识行为回归理性。

因此，企业在开展营销活动过程中，如果能够适时引导消费者的直觉行为，可以大幅度提升营销转化率。

那么，**哪些行为是直觉行为呢？**

其实很简单，一扇门上没有把手，正常人会理所当然地将其推开，如果有把手，人们会习惯地拉开，这就是人们在长期的生活中形成的固定思维意识。

微信红包（见图 10—6）这个东西，我们太喜欢了，红色和黄色的信息，让我们情不自禁地把它点开。对于这样的行为直觉，许多商家在搞促销活动时大加利用，结果表明，销售额确实显著提升。

因此，顺应人们日常生活习惯，引导消费者在购买过程中的直觉行为，减少他们的思考时间，可以带来意想不到的效果。

图 10—6　生活习惯引起的条件反射

三、特惠

特惠，是指企业产品的特殊优惠，这是最直接的，也是现在应用最广泛的营销转化率触发器。

关于如何做特惠，这里就不多做介绍了，我们来了解一下特惠时应该注意的问题：

优惠促销活动比比皆是，虽然有些优惠的力度很大，但收效并不是很理想，**原因是什么呢？其实很简单，用词没有经过打磨。**

从词语本身来说，诸如："免费""0 元""全场＃＃折"等，是特惠的惯用词汇，它们会使人兴奋，要把它们放大到极致，并用醒目的字体和颜色体现出来。对于消费者来说，有免费的物品就可以将其吸引过来了。

从词语的形式来说，一定要足够精简，最好在五个字之内就表达清楚。但有些促销活动将促销内容事无巨细地描绘出来，希望给予客户方便，却大大降低了"免费"这种词语作为转化率触发器的作用，因为，如果你的促销活动中没有足够吸引消费者的内容，那我就可以不用进一步了解了；可如果我是看到有特惠内容从而继续了解时，就有很大机会被环境和销售人员感染。

四、激发好奇心

2016 年 1 月 26 日当天，微信做过一个持续了 3 个小时的"朋友圈照片红包"活动，将图片发到朋友圈可以变得模糊，好友要看清晰图片需要支付给发照片者小金额红包，这一活动一时间引爆了互联网。

其实，这就是利用消费者的好奇心来开展的营销活动，**人们的求知欲和好奇心都是先天的，对于看到的事情，却看不透，人们表示不能容忍，**这也是许多悬疑影视、小说作品大卖特卖的原因。

好奇心是人类的天性，是人类行为动机中最有力的一种。如果客户对你是谁及你能为他们做什么感到好奇，你就已经获得他们的好奇心了。

那么，**如何激发客户好奇心呢？**

(1) 提出刺激性问题

通过提出刺激性的问题，来吸引客户对产品产生好奇，例如：你尝试过无人驾驶的汽车吗？让消费者带着你的问题，去了解你的产品，他会更专心听你的讲解。

(2) 群体趋同效应

群体趋同效应是指同一个群体所拥有的优势和面临的问题是差不多的，因此，在向客户介绍产品时，利用群体趋同效应，可以引起消费者的好奇心，例如：在此之前，我们已经帮您的大多数同行都解决了一个难题。这句话会让她很想了解，同行到底遇到了什么问题是需要解决的。

(3) 不要给出全部的信息

让客户有适当的体验，但不要一次性让他们吃饱，就像许多付费电影一样，可以免费观看 10 分钟，之后再想观看，只有付费或成为会员才可以。这其实就是利用产品的部分内容引起消费者好奇心，让其自发先去观看。同样的道理，电影的预告片也是这个意思。

五、先向客户提出容易满足的小要求

这一点是营销行为中常用的手段，由于人们习惯于与先前行为保持一致，因此，先向客户提出容易满足的小要求，比如先要一杯水，或者留个微信之类的要求，再进行销售工作，成功率会有一定程度的提高。

你还记得曾经风靡全球的游戏《愤怒的小鸟（angry bird)》吗？当玩家玩到一定程度，过不了关的时候，游戏设定了免费的道具帮助玩家通过关卡，但是有一定次数限制，当次数用完，玩家就必须购买道具才能使用，而通过这种方式使得购买的人数和次数会比直接要求玩家购买道具大大增加。

为什么要先向客户提出一个小要求呢？

有两点原因，第一，小的要求容易满足，客户可以轻松做到；第二，人们习惯于在一段时间内保持行为的一致性，因此，当消费者满足了营销人员的小要求之后，会倾向于在后面的营销活动中保持满足他其他要求的行为一致性，这样一来，营销的成功率就会有所提升。

11

大数据与精准营销

随着信息技术爆炸式的发展，许多新鲜的名词也随之成为大家追逐和探讨的对象，例如：云储存、云计算、大数据、移动互联、精准营销，等等。然而，**被所有人热捧的大数据与精准营销究竟是怎么一回事，目前还鲜有能说清道明的。**

本章将会对其进行详细的描述，旨在揭示大数据与精准营销的真实内涵，而不是过分神话大数据的作用，同时，**大数据时代最重要的不是数据处理的技术，而是针对大数据思维的创新和数据的利用能力。**

第一节　何谓大数据营销

人类存储信息量的增长速度比世界经济的增长速度快 4 倍，而计算机数据处理能力的增长速度比世界经济的增长速度快 9 倍。数据的存储和处理在以超乎寻常的速度迅猛发展着，然而"量变引起质变"是必然的结果。

大数据（Big Data），或称巨量资料，并非是一个确切的概念，最初，这个概念是指需要处理的信息量过大，已经超出了一般电脑在处理数据时所能使用的内存量，无法在可承受的实践范围内进行捕捉、管理和处理的数据集合。经过几十年的演变，现如今大数据被视为人们获得新的认知、创造新的价值的源泉，也是改变市场、组织机构以及政府与民众关系的方法。**大数据不是随机样本，而是全体数据；不是精确性，而是混杂性；不是因果关系，而是相关关系。**

一、大数据营销的概念

从本质上来说，大数据营销是一种精准营销模式，是基于众多平台的大量数据，依托大数据技术，对海量的数据进行收集、分析、执行，从而获得对市场和消费者的洞察结果，并以此来鼓励客户参与、优化营销结果以及评估内部责任的过程。

二、大数据营销的特征

大数据的基本特征，可以用"4V"（volume 数量，variety 类型，value 价值，velocity 速度）来表述，"大数据"并不等于单纯的"大量数据"，"大量数据"更多偏向数据的量，**而"大数据"的意义不仅在于量的庞大，更是表达数据的价值化程度、数据种类繁多以及数据的分析、处理及未来的发展形式等。**

而大数据营销是企业和个人基于大数据之上，开展的营销活动，它所具有的特点包含以下几点：

（1）时效性强

信息爆炸时代，人们在单位时间内获得的信息成几何倍数增长，因此，消费者在购买过程中，受到的诱惑相当多，消费决策会在极短的时间发生改变，大数据分析可以帮助企业更加客观地掌握消费者的购买意向变化趋势，在最短时间内作出对消费者最准确的判断，从而提升营销的时效性。

（2）个性化强

大数据时代，用户的画像越来越清晰，企业可以通过大数据分析，轻易地了解客户的基本信息、行为轨迹、心理预期、性格偏好，从而实现个性化、定制化的产品和服务输出。

（3）多平台化

大数据，顾名思义，这是一个相当庞大的体量，也是一个多品类的集合，不是单一渠道和平台可以承载的，大数据营销的来源应该是多方面的，多平台的数据采集才能让我们得到的数据更加精准，分析得出的结果才能有价值。

（4）关联性强

消费者在互联网上留下的痕迹（以数据的形式呈现），都将成为企业了解消费者的重要依据，这些数据会将消费者的需求、意愿以及喜好等编织成一张网络，关联到生活的方方面面。

三、大数据营销的应用

大数据营销可以应用在企业营销的各个方面，从客户关系管理、产品设计、新品研发，到物流运输以及用户画像构建、企业内部管理、风险管控等，总体来说，大数据营销的应用包含以下六个方面（见图11—1）：

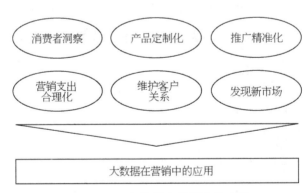

图 11—1　大数据在营销中的应用

（1）消费者洞察

客户在哪里，利润就在哪里。只有深入了解你的目标客户，把对的产品销售给对的客户，才是成功的营销。

企业之间的竞争除了产品质量之外，更多的是比较谁能更加了解自身市场和客户的真实需求，而企业可以通过所沉淀的客户大数据库，分析客户的购买行为和心理，针对目标客户的偏好，进行精准产品推送，这一切都是基于大数据的分析。

航空公司都是提供航空服务的，那么怎么才能提高订票率和减少退票率呢？座椅的舒适性、兑换机票的简单程度、飞行过程中的稳定性、飞行历史的安全性甚至是飞机上餐食的美味程度以及空姐是否漂亮等，都是影响乘客作出选择的因素。

然而，如果你定义的目标客户仅仅是常年出公差的飞行客，他们不在意飞机上有没有吃的，没心情看空姐的脸蛋，只希望能快速安全地到达目的地，那么，你就需要改变一下营销的思维了。

经过分析的数据会给你直接的答案，不需要辗转尝试，付出高昂的成本。

（2）产品定制化

企业运用大数据可以有效地测试产品/服务、流通渠道、目标市场的具体情况，并针对营销工作的具体步骤，得出可量化的实施数据，反过来，再通过具体的实施数据调整产品生产参数、运输方式、营销方案等。在大数据的背景下，营销的方向不再是迷茫的，也不再是走一步看一步，而是以真实数据得出的结论作为论证而采取的真实有效的方法。

相信读者朋友们都正在使用或者使用过"今日头条"，当使用"今日头条"APP通过微信登录后，你在微信中聊天的记录都将成为"今日头条"向你推送新闻、娱乐信息以及广告的主要依据，同时，使用者在APP上浏览的内容也会以数据的形式上传到中央服务器，经过分析使用者感兴趣的内容的关键词是属于什么类型，在随后推送中，这一类内容将作为主要内容推荐，因此，你的"今日头条"和其他人的不一样，也就实现了"千人千面"的个性化产品定制。

（3）推广精准化

大数据营销过程中，企业通过积累足够多的客户数据，分析和挖掘出产品使用人群的基本特征如何，以此为基点，研究目标人群的购买偏好、行为习惯、社会阶层、男女比例、年龄组成等基本信息，**做到"比客户更加了解自己"**，进而，找到经过分析后最合适的推广方式，实现推广的精准化。

（4）企业营销支出更有效益

营销的目的在于赚取利润，但营销需要投入也是毫无疑问的，以往营销的投入往往遵循着"二八定律"，许多营销人士抱怨，总有很大一部分资金投入到了没有效果的营销上，但投入之前又不知道哪些营销是有用的，哪些营销是浪费的，而大数据分析使营销的精准化大幅度提升，屏蔽掉浪费的投放环节，使得营销再也不是"无的放矢"的粗犷行为，让企业的每一笔营销支出都能得到可观的收益。

（5）维系客户关系

建立强大的客户数据库，通过客户真实的行为和心理，进行客观的数据分析，预测客户未来的需求，及时与客户进行沟通，抢先占领市场，为客户提供深层次的产品和服务，了解客户的需求，洞察客户的需求，挖掘客户的需求，无限放大企业的黏度和提升客户的忠诚度。

"滴滴打车"，当用户一段时间没有使用打车软件时，系统的数据库经过分析后，会将优惠券信息以短信或者APP信息推送的方式精准地发送到用户的手机上，刺激消费，而每天都会使用滴滴打车服务的则不会收到这些推送信息，但是可以收到其他相关优惠服务，这是典型利用客户大数据来维护客户关系的案例。

（6）发现新市场

生活水平不断攀升，人们的需求日益旺盛，使得新的市场不断涌现，企业通过构建大数据库，针对自身产品和服务特性，及时预测和发现新市场的方向和定位，可以有效为企业在未来奠定竞争优势。通过市场数据分析，分地区、分人群、分年龄、分性别、分阶层地展示出客观的市场数据，并通过客观的市场数据采取相应的营销活动。

例如：《王者荣耀》，腾讯在将PC端的游戏《英雄联盟》（LOL）推向电竞巅峰之后，利用用户数据分析以及市场预测，发现移动端手游将会成为年轻人的新宠。利用碎片化的时间打一场简单易懂的游戏，是上班族甚至是学生喜闻乐见的事情，于是，《王者荣耀》应运而生。仅2017年第一季度的营收，就高达120亿元。许多人感慨：80%上市公司一年的收入还不及一个《王者荣耀》。

第二节　一切皆可数据化的大数据时代

"当你能够量化你谈论的事物，并且能用数字描述它时，你对它就确实有了深入了解。但如果你不能用数字描述，那么你的头脑根本就没有跃升到科学思考的状态。"

——英国物理学家　开尔文勋爵

数据看似枯燥而烦琐，但它们是指向真相的最佳路径。如果一切皆可通过合理方法予以量化，那么这个世界是否会提升一点靠谱系数？

大数据时代"价值捕手"道格拉斯·W. 哈伯德在《数据化决策》一书中告诉人们，不论有形之物还是无形之物，一切皆可量化，同时，量化并非人们想象的那么复杂，它是一切决策的有益助手，甚至包括婚姻、感情、幸福。

大数据时代，一切事物，有形的、无形的，理性的、感性的，全部可以用数据表现出来。其实，在以往日常生活中，人们都倾向于选择以数据的形式表达对一个事物的认知，即使是非常感性的事情。

一个女孩对你的好感，都可以采取数据的方式让你对这件事认识得更加深刻。比方说，哪些方面她比较重视，重视程度能达到的相对百分比是多少，这无非是你将女孩子的行为和表现数据化了，但是这种方式的偏差很大也很模糊，掺杂了许多你个人的思想感情和愿望。

而大数据时代，可以通过多种信息汇总，经过挖掘和分析，得出相对可信的数据化结果，因此，一切皆可量化。

数据化的结果一定要为最终的决策服务，不然数据化的结果就没有意义了。

有一个笑话：父亲让儿子去买火柴，临走的时候吩咐儿子记得试试火柴能不能划着，儿子听了之后奔向小卖部，回来后父亲问儿子火柴质量如何，儿子说，放心，我一根一根试了，都能划着。

一笑过后，大家可以思考一下，儿子的行为证明了所购买的火柴都可以使用，数据十分精准，但是却没有任何用处，因为火柴已经全部烧光了。

所以，一切皆可数据化的基础要停留在结果可以为后续的决策服务之上，一旦数据化得到的结果已经没有任何价值时，数据化的过程也就成为单纯的成本消耗，如果量化本身的成本大于其所能带来的收益，量化本身就是盲目的。

大数据时代，各项数据俯拾皆是，我们并不缺少数据资源及工具，缺少的是挖掘有用信息的"数据炼金术"及辨识真伪信息的"火眼金睛"。掌握量化决策的基本原理、方法、工具，将有助于我们更加深入透彻地理解这个不断变化，一切皆可数据化的世界。

数据化的方法可以简单归结为以下步骤：一是将需要决策的问题定义出来，二是将定义完成的数据进行分解，细化成可数据化的几个问题，三是将细化的问题利用大数据的原理进行量化和分析，四是利用量化和分析后的结果对问题采取决策。

值得注意的是，定义问题和细化问题（前两步）是解决整个问题的关键，在此过程中，需要对决策的问题有深入的认知并在拆解和数据化的过程中考量各个细化问题之间的逻辑关系，只对有意义的因素进行数据化和分析。

第三节　数据让你的目标客户越来越清晰

从 1991 年 Tim Berners－Lee 发明了万维网（World Wide Web）开始，到 20 年后的 2011 年，互联网真正走向了一个新的里程碑，进入了"大数据时代"。

经历了 2012 年、2013 两年热炒之后，人们逐渐冷静下来，更加聚焦于如何利用大数据挖掘潜在的商业价值，如何在企业中实实在在地应用大数据技术。伴随着大数据应用的讨论、创新，个性化技术成为一个重要落地点。

相比传统的线下会员管理、问卷调查、购物篮分析，大数据第一次使得企业能够通过互联网便利地获取用户更为广泛的反馈信息，为进一步精准、快速地分析用户行为习惯、消费习惯等重要商业信息，提供了足够的数据基础。

伴随着对人的了解逐步深入，一个概念悄然而生：用户画像，完美地抽象出一个用户的信息全貌，可以看作企业应用大数据的根基。

在大数据时代，企业营销过程中，**我们获取的用户信息越多、越精准，企业对用户就越了解，营销的效果也就越明显。**于是，企业开始利用大数据构建自身的用户画像，希望通过清晰的用户画像来指导营销工作的开展。

一、何谓用户画像

简而言之，用户画像就是以用户的自然属性、社会属性、生活习惯、行为轨迹、兴趣爱好、消费水平等信息为依托，描绘出的可数据化的标签，这个标签就是从用户身上高度精练而成的特征标识，所以，给用户

"贴标签"是构建用户画像最核心的环节。

比如，一位男士走在大街上，迎面走来一个模样俊俏、身材高挑、婀娜多姿、皮肤水润、长发飘飘的女生，即使他表面不流露感情，也会在内心深处赞叹一句：美女！

一见钟情的男士打定主意要追这个女生，于是开始了收集数据的过程，例如：先与她认识，互道姓名、年龄、工作等基本信息，留下联系方式，手机号、微信号等；随后开始进一步的追求，约出来吃个饭，谈谈人生和理想，看看她的朋友圈，见见她的朋友，听听她们的介绍；再深一层次，一起出去旅旅游，看看是否相处得来；最后，男士觉得很投缘，并且在此过程中，感受到女生对他的感觉也不错，希望能够确立交往关系，于是，他跟女生表白了。其实在男士向美女表白前的一系列过程就是在对这个美女进行画像的绘制。他在表白前对这个美女有以下判断：

外在：她是一个美女。判断依据：模样俊俏、身材高挑、婀娜多姿、皮肤水润、长发飘飘。

内在：她很温柔、贤惠、知书达理。判断依据：声音好听、细腻，举止优雅，会做饭，能持家，善解人意等。

成功率：她不讨厌与这位男士交往，甚至有些喜欢。判断依据：男士约她出来从未拒绝、偶尔主动联系男士、节日互送礼物等。

因此，所有的数据汇总后经过分析，男士得出的结果是：她是我喜欢的类型，她也喜欢我，那么我表白的话应该很可能成功。

其实，做企业也是同样的道理和思路，上述所讲，是日常生活中针对个人的画像绘制。

而从做产品和经营的角度来说，我们需要对一群人做特征描述，这是对一个群体的共性特征的提炼，说白了就是给用户群体打标签。

二、构建用户画像

古人云"天地四方为宇，古往今来为宙"，这句话表明任何事物都逃不开时间和空间的局限，宇宙之内，包罗万象，因此，构建用户画像也要从用户本身以及时间和空间三个维度来进行。

用户的基本信息分类

在构建用户画像的开始，要对用户有一个全面的了解，也就是尽可能多地了解用户的信息，当然必须是准确的，这部分属于静态数据汇总，包括用户的自然属性、社会属性，这些内容是相对稳定的数据，因此我们称其为静态数据。其中自然属性包括性别、年龄、健康状况等；社会属性包括社会阶层（政府官员、劳动人民等）、收入、消费观念、家庭组成等。

通过对用户上述内容的数据整理和汇总，可以十分清晰地将目标用户人群的静态信息分析出来，并以此作为划分用户的基础信息。

用户的行为轨迹

从时间的维度来看，营销管理大师菲利普科特勒说过，用户的行为轨迹从时间层面来说共分为 5 个阶段，包括产生需求、商业信息收集、方案比选、购买决策、购买后行为，其中购买后行为包括：使用习惯、使用体验、满意度、忠诚度等。

大数据时代的营销，要紧跟消费者的脚步，从时间维度的用户行为分析消费者的购买行为。

例如：商业信息收集阶段，针对不同用户的阶层和习惯，采用不同的营销途径和营销方式，最直接有效地接触用户。

用户的购买行为要素

空间维度的数据，即用户购买行为要素，也就是我们经常做的用户分析 6W1H（购买的人 Who，购买时间 When，购买地点 Where，购买什么 What，购买原因 Why，谁构成市场 Who，如何购买 How，见图 11—2）。

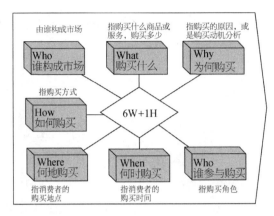

图 11－2　消费者分析（6W1H）

　　通过对用户的大数据分析，将影响用户购买时的所有行为要素进行汇总和深度分析，得出相对客观的结论。

　　例如：天猫的"双十一购物节"的出现，即是在天猫深度了解了用户的购买行为要素后，采取的营销活动，由此可见，用户的购买行为数据对营销的效果起着至关重要的作用。

三、个性化精准营销

　　个性化精准营销即企业把对人的关注、人的个性释放及人的个性需求的满足推到空前重要的地位，通过大数据将企业与市场之间搭建起一种新型的互动关系，依托消费者的个人信息数据模型，使企业与之建立个性化联系，及时地了解市场动向和顾客真正需求，向顾客提供一种个人化的销售和服务，顾客根据自己的需求提出商品性能要求，企业尽可能按顾客要求进行生产，迎合消费者个别需求和品位，并应用信息，采用灵活战略适时地加以调整，以生产者与消费者之间的协调合作来提高竞争力，以多品种、中小批量混合生产取代过去的大批量生产。

　　这有利于节省中间环节，降低销售成本。不仅如此，由于社会生产计划性增强，资源配置接近最优，商业出现"零库存"管理，企业的库存成本也节约了。

企业构建清晰的用户画像，是为了给营销指明方向，当你足够了解一个人，那么你可以选择说出一些话让他高兴或者生气，而用户画像的构建就是为了企业在实施营销活动时让客户更加满意，从而实现较好的营销效果。

如今，上网已然成为人们除了吃饭睡觉之外必不可少的第三要务，不可否认，我们已经在网络上留下了太多我们的消息，尤其近些年的电商行业爆炸式发展，人们越来越倾向于从网络上购买产品。

在互联网时代，盲目的大众型营销（例如：街边狂撒小广告）已经逐渐失去了效力，取而代之的是更为精准的窄众营销。

比方说，一个婴儿的产品宣传对一个孩子已经长大的中年男子很难有吸引力，一款刮胡刀也不会引起一个中学女孩的兴趣。

在互联网已经可以为每一个顾客精准画像时，企业还在做大众营销，是对资金成本和时间成本的极度浪费，而且不会有理想的收益。

第四节　大数据时代的客户管理

客户关系管理，即 CRM（Customer Relationship Management），是一种现代化的企业经营理念，主要体现为运用其自身的软件系统，结合电子商务和硬件环境等的一系列客户解决方案实现客户关系的管理。

它的主要特点是在企业营销及管理中以客户为中心，理解并管理企业与客户之间的关系，以保持精准的客户识别和长期的客户维系为发展重点确保企业的发展。

同时，CRM 也表现为一种新技术系统，包含了销售、客户服务、客户智能分析等功能模块，运用数据结构和模块，实现对客户信息的全方位捕获，既能达到客户的需求，又能整合并优化配置企业资源。

信息化技术的不断创新，使得 CRM 逐渐与大数据开始产生联系。客户关系管理运用现代化的信息技术识别客户，改进企业与客户之间关系总体上是源于合理的信息载体和企业策略。它是企业在电子商务策略运用中基于数据的管理活动，依托于客户信息的收集和使用，而大数据的特点则在信息方面为 CRM 提供了无限可能性，两者的融合能够使企业给客户提供更好的体验以及对客户进行营销和管理。两者之间的连接具体表现为大数据为客户关系管理提供了信息，企业运行合理的方法对信息进行收集、归类和分析，获取经营和辅助商业决策的关键性数据，进一步为目标客户提供合适的产品和服务，提高经营效果。

一、大数据时代的 CRM 运用

▶ 构建统一的客户信息平台

调查显示，在美国，有超过 30％的商业银行可以详细阐述相关客户营利能力和领域以及近阶段发展状况，更有 20％的商业银行可以在十分钟内，将最重要的客户购买的银行产品的情况逐一调出，他们表示：除银行的资金实力外，主要的竞争优势表现在高效、准确、先进的客户数据管理平台。

因此，我们不难看出，一个企业，尤其是生产和服务型企业进行客户关系管理是多么重要。

如构建统一的客户信息平台，专任的客户经理对客户进行调查、筛选、沟通和交流，将客户的真实需求进行深度挖掘，并将数据保存至客户信息平台之上，通过客户关系技术和管理软件对数据进行汇总和分析。

▶ 不断实现技术创新和高效的数据分析

当客户的数据聚集在客户信息平台之上，我们就需要强大的数据技术作为分析和处理数据的支撑。由于数据的数量和关联性越来越复杂，数据保护和分析技术也需要不断进行创新。

首先，数据的保护。客户信息平台上的数据关乎企业发展的战略定位，因此，客户信息平台要保证数据绝对安全，避免被入侵、被损坏、被泄露以及染病毒等数据灾难发生。

其次，数据的分析。对海量的数据进行分析，要保证结果的准确性、时效性、实用性等，如果数据的结果不正确或是失效了，那么客户信息平台的建立将失去它的作用。综合这两方面的内容，整理、保护、分析数据的技术要不断创新。

▶ 应用差异化营销对策

数据挖掘这类先进技术在大数据的背景下被广泛运用，在此前提下，企业要与时俱进，摒弃传统的、效率低下的营销手段，从客户关系管理方面入手进行分析，积极判断客户需求的方向所在，并从中挖掘出未被满足的精准需求，以此作为企业在竞争日益激烈的市场中取胜的筹码。当前，市场上所提供的产品大多都能满足客户无差别的需求。

例如：金融理财、用餐、机票等，在客户选择服务和产品时，它们都不具备完全性，所以，对客户的绝对需求给予满足，才是获取胜利的首要任务。

因此，应该对不同偏好、职业、受教育程度、年龄的客户进行划分，将适合他们的服务和金融产品提供出来，实现"量身定做"，开展差异化营销。

二、应用大数据完成客户全流程服务

就客户而言，商家在满足消费者购买的同时，给予客户的感受是至关重要的一部分，一旦不具备情感上的关联，则很难满足客户需求。而应用大数据技术，就可以实现客户流程的管理和服务，能够将随时、随心、随地的服务体验提供给客户。

例如，在设计产品时，可以通过建模分析大量客户的行为数据，将差异化的服务和产品为客户设计提供出来，按照客户的学历、家庭、收入、社会圈层等特征，来有效地预测客户的需求变动情况，同时挖掘更深层次的精准需求，将客户档案有效地构建起来，将有关行为趋势特征分析出来，对可能发生的风险进行预测。

第五节　未来营销的核心：大数据平台

未来，企业的一切营销活动都将围绕数据展开，而大数据平台将为企业提供整体化的分析、客观化的判断以及精准化的预测。因此，大数据平台应该集数据整合、数据处理、数据存储、数据分析、可视化、可预测等功能为一体，真正帮助我们挖掘数据背后的业务逻辑，发现数据背后的问题，以便于我们及时调整。

一、大数据平台简介

目前，许多大型集团化企业已经开始着手大数据平台的构建，并初具规模，例如：微软、亚马逊、阿里巴巴、腾讯等，虽然基于大数据平台的服务内容有区别，但实现的技术手段和基础都相似。鉴于本章主旨在于介绍互联网时代的大数据思维的应用，因此，技术方面的内容就不过多阐述了，我们主要看一下大数据平台的服务内容和构成。

以阿里云的大数据平台——"数加"为例（见图 11-3），其将大数据平台的服务内容分成了四个大类，即：大数据基础服务、数据分析及展现、数据应用、人工智能。从组成上来看，"数加"是由"数据源""数据层"、数据平台层、数据应用层、用户层所构成的系统化平台，通过原始数据的采集与平台化的计算，将数据应用于用户层面中，实现大数据平台一体化服务。

一站式大数据解决方案

从数据导入、查找、开发、ETL、调度、部署、建模、BI报表、机器学习到服务开发、发布以及外部数据
交换的完整大数据链路，一站式集成开发环境、降低数据创新与创业成本

图 11-3　数加大数据平台框架

二、大数据平台企业未来的营销核心

商业的本质是为用户创造价值，利润是为大量客户创造更大价值时必然可收获的结果。所以营销的核心有两个：定义价值和传递价值。

定义价值是指一个公司应该提供什么样的产品/服务，帮助人们完成什么样的任务，从而构成这个公司的核心价值，及存在的意义。

传递价值是指一个公司如何使价值让更多人知道并使用。

定义价值和传递价值就像电脑的软硬件，定义价值代表了企业的"硬件"，而传递价值代表了企业的"软件"。而大数据平台则相当于电脑的CPU，让企业的"硬件"运作更有效——企业的定义价值精准满足顾客需求，让企业的"软件"运作更加高效——企业的价值传递高效、节约。

总之，在可以预期的未来，大数据平台将渗透到营销过程的方方面面，成为企业营销的核心，并将给企业的营销带来深刻的变革。那么，这些变革有哪些呢？

（1）营销边界的无限扩张

大数据平台中数据的不断更新拥有三种途径：一是来自大数据平台上的用户，实时更新自身信息；二是大数据平台自身的机器学习能力和信息捕捉能力，可以让信息进一步完善；三是大数据平台与外部平台在云端的数据共享。在技术不断成熟的未来，数据的无限扩张将不再停留在书面上，而将成为大数据平台不被淘汰的保证。伴随着数据的无限扩张，企业的营销也将随之进行扩张，只要数据所能达到的地方，营销将如影随行。

（2）营销信息的精准管理

大数据平台是基于 Hadoop 云平台建立起来的，可以存储由不同途径汇集而来的海量数据，提供并行的计算和非机构化数据等处理能力，实现营销信息低成本的存储和低延时、高并发的管理能力。

企业通过大数据平台，可以在极短的时间内搜索出需要的营销数据。在整个检索过程中，平台需要完成 3 项任务，即：数据采集、关联度筛查以及深度数据挖掘。通过这 3 步工作，将大数据平台上的信息进行指向性分类，精准快速地找到营销数据，实现营销信息的精准管理。

（3）营销分析的公正客观

企业从大数据平台中精炼出的营销数据仅仅停留在"半成品"的基础上，需要对其进行进一步"加工"，形成人们可以读懂的结果，接下来大数据平台依托于系统内部的云储存平台与计算平台协同工作，将这些数据进行分析。

由于数据的数量、质量与精确度由上述两方面内容把控，可以此计算出相对客观的分析结果。

例如：分析某医院的营销系统运作情况。通过对大数据分析平台检索出的数据（比如：买药、门诊、理疗、手术、住院等信息）进行分析和汇总，可以将该医院人群的哪些年龄段、社会阶层的人群在哪个时间段容易患哪些疾病进行精准的展现，并利用这些数据，向人群提供医药推荐、疾病防治等服务。

（4）营销方向的精准预测

大数据平台的精准预测是一个相对概念，不是绝对概念，是以目前大数据平台所掌握的信息为基础，对未来给出的趋势性结果和分析，精准预测的内容包括：

可视化结果分析：大数据会将人们难以找出规律甚至难以理解的数据进行可视化分析，让结果一目了然。

数据挖掘算法：这是大数据平台的技术核心，拥有科学的数据算法才能得出相对准确的数据结果。

科学建模：建立数学模型是进行精准预测必不可少的环节，通过科学的模型代入数据就可以预测未来的发展趋势。

通过对未来发展趋势的精准预测，企业可以有理有据、有目的地实施营销活动，在节约成本的同时，提高营销的成功率。

12

社群与粉丝营销

随着社会变迁与生活需要，人们结为各种各样的社群。在全球化的媒介环境中，由于人们交往的需要、互联网的迅速发展，社群开始成为力量更强大、话语更有效的"网络社群"。网络社群成员为了群体共同的公共利益而奉献力量，成员彼此具有较高的认同度，运用互联网技术等手段实现群体利益的集合体。网络社群是人类社会发展至今出现的一种新的共同体形态，它的出现使普通社群获得了新生。

第一节　什么是社群

从古至今，社群的概念其实一直都存在，我们也一直生活在社群之中。简单地说，一群有关系的人的群体就叫作社群；从原始人部落到今天的微信群、QQ群，大到我们的国家民族，小到千家万户，无论政治党派还是商业组织，同学、战友、公司、俱乐部、协会、商会、NGO、粉丝团……都可以看作社群。

社群是互联网时代前的产物，在这个瞬息万变的互联网时代，社群的理想趋势是自治化。现时IT圈流行"去中心化"，在维持互联网交流社群的发展过程中，也一直保留这个理念。

社会学家瑞格尔德在1993年率先提出了"虚拟社区"概念，意指由"一群通过计算机网络连接起来的突破地域限制的人们，通过网络彼此交流、沟通、分享信息与知识，形成具有相近兴趣和爱好的特殊关系网络，最终形成具有社区意识和社区情感的社群圈。"互联网再一次让社群火箭式增长，正因为互联网我们才重新注意到这个存在已久的概念。

举个例子，黑马会、第一批去香港旅游的人、宝马车的车主、肯德基的会员、学生会这几类个体或群体中，我们很容易就能分清楚第一批去香港旅游的人、宝马车的车主、肯德基的会员不是社群，他们是一群用同一个标签的人，他们具备关联的前提，不过要么缺少关联的场景，要么缺乏持续关联的工具，总而言之并未经过群体持续联系的过程，故并未形成社群。意识到社群这点（关联）很重要，因为互联网技术本质上就是降低了沟通的成本，所以社群未来才有机会井喷式发展。

另一点需要提示的是，社群和社交、社区是不同的。表面上看，社群的氛围是有目的，而社交、社区的氛围是交流、交换资讯的过程中逐步形成的。

它们的本质区别如下：

社群：社群满足的是人寻找共性的归属感！

社交：社交满足的是人寻找差异性的存在感！

社区：社区满足的是人寻找合适的舒适感！

第二节　什么是社群营销

社群营销就是基于相同或相似的兴趣爱好聚集人气，通过产品或服务满足群体需求而产生的商业形态。社群营销的载体不局限于微信，论坛、微博、QQ群、线下的社区，都可以进行社群营销。

下面让我们看几个典型案例：

（一）罗辑思维

罗辑思维最大的价值，就是构建了一个顶级的微信社群。而罗辑思维是如何构建社群的呢？

1. 选人

罗辑思维的用户主要是85后"爱读书的人"，这群人有共同的价值观、爱好，热爱知识类产品。

2. 培养习惯

培养共同的习惯，可以进一步固化会员"自己人效应"。比如，罗辑思维固定每天早上大概6点发送语音消息，培养用户的阅读习惯。

3. 加强线下互动

线下的互动更能激发人与人之间的联合，罗辑思维就曾举办过不少线下活动，比如"爱与抱抱""霸王餐"游戏等。

（二）小米

小米的快速崛起，绝对离不开其社群营销。其在社群营销上的做法如下：

1. 聚集粉丝

小米主要通过三个方式聚集粉丝：利用微博获取新用户、利用论坛维护用户活跃度、利用微信做客服。

2. 增强参与感

比如说，开发 MIUI 时，让米粉参与其中，提出建议和要求，由工程师改进。这极大地增强了用户的主人翁感。

增加自我认同感：小米通过爆米花论坛、米粉节、同城会等活动，让用户固化"我是主角"的感受。

全民客服：小米从领导到员工都是客服，都与粉丝持续对话，时刻解决问题。

（三）星巴克

星巴克对社群营销的操作，可谓炉火纯青。在 Twitter、Instagram、Google＋、Facebook 等平台上，都可以看到星巴克的踪影。

星巴克的社群营销玩法包括：

借助 Facebook 和 Twitter 推广新产品。星巴克曾经为了促销黄金烘焙豆咖啡，而推出 FacebookAPP，顾客可以从中了解新品资讯、优惠福利等。而在 Twitter 上，星巴克也展开了宣传，并通过文章引流。

运用贴合热点的广告和主题标签。如美国曾遭遇 Nemo 大风雪，星巴克当时在 Twitter 上推出了在寒冬中握着热咖啡的广告；并且利用＃Nemo 和＃blizzard 等标签，贴合顾客的生活。

与 Foursquare 合作慈善活动。星巴克曾与 Foursquare 合作，推出抗艾滋慈善活动，顾客到星巴克消费，并在 Foursquare 上打卡，星巴克就会捐出 1 美元。

总之，社群营销的根本作用，是使企业创造更多的业绩。社群营销是研究如何通过社会组织方式和社交媒体工具影响客户的思想与行为，进而提升交易效率的营销方法。

▶ 企业为什么要做社群营销呢?

(一) 降低品牌开发客户成本

现在,**有产品的找不到客户,有人脉资源的找不到合适的产品**。为了解决这一矛盾,互联网营销顺应时代需求而生,让产品找到买家,让买家找到产品。

社群营销就是最好的移动互联网品牌传播利器,社群营销就是企业品牌传播有力的途径,具体体现在以下几个方面:

(1) 社群营销能够触动消费者内心的世界。

(2) 社群粉丝的每一次传播都为品牌做加法。

(3) 社群营销是对品牌战略的深度挖掘。

(二) 让企业的品牌遍布每个角落

移动互联网时代的到来,给企业品牌推广传播的途径带来一定的冲击,同时,也给企业品牌带来新的机遇,移动互联网已经引起企业的强烈关注和重视,品牌传播在移动端必须有所作为。社群营销作为蓬勃发展的营销新途径,将有无限可能,更能够让品牌遍布每个角落。

(三) 精准受众

这里所说的精准是相对的,与以往的营销相比,社群营销的受众相对精准。

例如,当前比较流行的微信社群营销。微信本身是一个闭合性的社交平台,用户可以自己选择对品牌关注或者不关注。虽然在曝光量上来说不及电视广告和微博,但是依托品牌会员体系,微信的客户全体精准度却高了很多,有助于向实际的销售结果转化。

（四）社群用户信息可知

传统营销几乎都是单向输出，用户信息几乎不可得。但是社群营销的群体相对封闭，信息是双向的，大数据时代信息的获取对营销策略的营销远远大于单向的内容。

（五）向线下导流

社群营销体系中，个人号＋公众号＋应用功能，可以给用户提供一个便捷的企业信息查询平台，如：会员查询、商品查询、定位功能，企业可以通过社群营销体系精准、快速地让用户了解店面信息及品牌产品促销信息，能够起到向线下导流的作用。

（六）售前咨询和售后服务

基于社群营销的本质要解决客户需求，社群营销依托于某个互联网工具或平台，例如微信端，可以更好地帮助品牌实现售前咨询和售后服务，让客户更加容易地了解到品牌的信息，从而实现自助服务。

第三节　如何进行社群营销

做社群营销前，首先要建立社群的基本规则，就像建立一个国家，需要建国理念＋宪章；建立一个党派，需要有政治理念＋党章；建立一个公司，需要有使命愿景＋公司章程。建立一个社群，做社群营销前，需要有社群的理念以及社群的规则。

其次，社群营销需要具备三大互动核心，即产品、内容、社交工具及渠道。

产品：只有产品差异化才具备传播属性，才能够在后续的推广宣传中起到推动作用。

内容："内容为王"的核心逻辑是，只有做出更多优质内容才能赢得更多客户。随着移动互联网时代的到来，用户接触的信息内容无限扩大，渠道无限便利，距离无限缩短，使得垄断的成本变得越来越高。

腾讯拿下NBA的中国五年网络独播权足足花了5年5亿美元，而且这只是五年的版权，五年之后版权再次溢价，竞争再度加剧，谁都不敢保证腾讯还能继续保持垄断。

不仅如此，**内容才是用户真正追求的东西，决定着用户的走向**。社群营销只有通过内容留住客户才能实现流量变现（广告、电商、衍生品、付费），可以看出内容的重要性愈发凸显。

社交工具及渠道：每个品牌都必须充分利用已有的客户资源，与客户建立联系和关系，不做就是犯罪，这个是社群最基础、最直接要去解决的问题。

最后，**如何做才能进行高效社群营销呢？**

许多人会问：**什么样的广告宣传才是有效的广告？**

答案是文艺娱乐与品牌的结合，既非不计品牌诉求的文艺广告，也不是赤裸裸的生硬广告。要利用文艺娱乐与品牌的结合符合社群受众的诉求及审美，将品牌信息植入。

无论是创新的社群二维码、交互式体验游戏，还是小程序分销体系等新的技术方式，抑或是传统的视频、跳窗、推送等都是被动的广告方式，消费者接受被动，广告信息传播被动，而未来社群营销的趋势是由粗放式的、爆炸性的被动接受转变为细致的、精准主动的接受。

简单来说，就是**所有品牌方要更多地寻求一种让消费者主动获取品牌信息的方式。**

基于此，**未来社群营销需要加强调研，注重内容的精致化、立体化，将文艺娱乐与品牌融合，将品牌营销进化为一种持续的、愉悦的自主体验。**

第四节　社群客户关系维护

很多人把朋友圈看成单纯的营销平台，忽视了产品的品质、用户的体验感，这是大错特错的。只有保证产品和服务的品质才能让人信任，基于此建立的社群才会是一个有情感的、有温度的、持久的、不断壮大的朋友圈关系，你的推广才能得到发展和扩展。

千万别说你的产品面向所有人，没有准确用户定位的产品要么本身太平庸没有卖点，要么就是市场竞争大利润所剩无几的大众产品。

每个推广人都应该对自己的产品做一个细致的用户分析。这个分析跟市场调研类似，就是要了解目标客户的地域分布、消费习惯、工作收入、年龄范围、兴趣爱好及生活场景等。

每个人的社交网络关系可以分为强中弱三层。

强关系指的是个人的社会网络同质性较强，人与人的关系紧密，有很强的情感因素维系着人际关系。

弱关系的特点是个人的社会网络异质性较强，人与人关系并不紧密，也没有太多的感情维系，也就是我们所说的泛泛之交。

中关系就是介于两者之间的关系。

中关系相对强关系来说可开发资源较多，而且都有信任的基础，是最可以通过沟通交流培养的目标客户。

而且一旦跨过信任壁垒，开始第一笔交易，他们将会成为你最稳定长久的客户。所以，每个推广人都应积极开发自己的中关系。中关系可以是强关系的裂变，比如亲戚的朋友、朋友的朋友，也可以是弱关系的转化，比如通过泡论坛、逛博客、发微博、聊 qq 群等，把陌生人转变为朋友。

腾讯对朋友圈的定义是"连接一切"，意思就是促进朋友与朋友的情感连接。你可以看看大家都在朋友圈做什么？晒工作、晒生活、晒个性、晒兴趣爱好，让远在他乡的朋友也能了解自己的动态，拉近彼此的关系。

推广人首先要摆正一个观念，要把朋友圈真正看成朋友圈。凡在圈中的，皆是朋友，要沟通、交流、关心、点赞、评论、解答，建立你和朋友的情感连接。

朋友圈的交易，信任是基础，建立信任，**首先要树立别人对你的好印象，用时下流行的词叫"个人品牌"。**

如何树立？展现自己的正能量，比如积极乐观的生活状态，亲和守信的做事风格，较高的解决问题能力等，对他人的影响力也就是你的人格魅力。

推广切忌强推，甚至有时候我们应该给朋友提供其他产品的选择，但这其中要暗示客户，选择你的服务才是最佳服务。

社群的活跃性决定了社群的生命力，而社群活跃性在很大程度上取决于社群成员之间的互动，一旦社群没有互动，没有活跃性，那社群电商更是无从谈起了。

如何才能提升社群的活跃性呢？

要与客户建立良好关系，必须突破在商言商，你交钱我发货这种简单、滞留在交易层次的客户关系处理模式，需要上升到更高层次上去——向客户提供零距离服务、培养客户信任、让客户参与过程、与客户进行感情交流。

如何建立这种互动型的客户关系呢？

1. 实现零距离服务

在早期的商品交易中，买家和卖家是面对面或者是一对一的，买家的个性特征，对产品需求、使用产品后的意见能够非常直接地反馈到卖家，这样卖家就能够及时地调整自己的生产、销售和服务。

可是，现代市场的不断发展，尤其是社会分工的推波助澜，使得买方——客户和卖方——企业的沟通层级变得复杂，网络变得交错，以致许多企业根本不知道谁是自己的最终客户，更谈不上和他们进行沟通与交流。

凡是改善沟通管道，增强交流力度，使企业和客户的关系回归到零距离的，事实证明可以极大地提高客户的满意度。

2. 建立有效的客户反馈机制

建立一个反馈的渠道，使得客户的种种意见和评价能够通畅地在该渠道上流动，最后流动到企业的各个职能部门去，这是服务体系建设中非常重要的环节。

建立沟通渠道时，需要充分考虑客户的便利性，或许这正说明了为什么许多公共场所，比如航空候机厅、车站，放置的意见簿上填写的意见寥寥无几。**客户需要最直接、最快速、最有效果或者效果可以预见地反映问题。**

3. 不合格或客户投诉的处理

企业提供产品或者服务时会有不合格的情形发生，即使有的企业达到了通用公司原总裁杰克·韦尔奇所倡导的 6 西格玛所定义的质量水平，仍然有百万分之一的机会把不合格品提供给客户。

如果出现提供不合格品或者客户投诉的情形，客户经理的反应一定得快，而且往往需要企业突破常规的举措。因为这种不合格品若处理不当，将是危机，若处理得当将是巩固和发展业已建立起来的合作关系的良机。在出现不合格品时，企业需要用行动来证明自己值得信赖，**一次行动远超过百次承诺。**

4. 让客户参与管理

在管理学中，有一种激励理论是参与式管理，通过让员工参与管理来提高员工的士气，这种内部的激励原则同样可以运用到外部，让客户参与企业的生产和管理过程可以极其有效地提高客户的满意度。

波音飞机公司在研发 777 机型时，请世界各地的航空公司和飞行员参与设计方案的讨论，各地收集来的有价值意见不下于一万条。

在进行重大的技术或者管理活动时，不要忘了请客户参与和见证活动过程。一方面，使客户能够从自己的立场对企业提出要求，让企业一开始就将这种要求考虑到自己的产品中去，这样的产品面市后不太可能遭受到客户拒绝；另一方面，客户感受到被尊重和关怀，这种感受将换来长久的忠诚。

5. 将内部过程透明化

在 DELL 网站上订购电脑的客户，可以在网上非常便捷地查询到自己的产品在 DELL 的运营系统中进行到了哪个阶段，以及各阶段是否达到了自己的订货要求。

精明的面包店，把面包的烤制现场搬到前台，通过玻璃橱窗加以隔离，这样面包购买者可以观察到生产过程，以及现场的卫生状况。

这种将内部过程透明化的做法，可以使客户对自己的产品形成过程心中有数，当然更重要的是客户可以第一时间表达出自己的愿望。

6. 感情交流

运用客户满意度调查可以有效建立起和客户的"感情"，尤其是企业根据调查的意见进行了切实的管理改进，并让客户看到效果后，这种感情就更加"深厚"。

对客户的满意度调查的关键在于确定合适的调查方法和方式，设定启发性的调查表格，分析和改进服务管理并且反馈结果。

设定表格时需要注意，设置的问题应该具有一定的发散性，运用联想法、词语法、情景设计、图示法等，尽量挖掘客户的建议和掌握客户深层心态，因为我们调查的目的是改善服务。其中有一点常被忽略，就是企业把满意度调查的意见整理、分析之后，将结果反馈给客户并对其配合表达谢意，调查工作才能够形成闭环。

互动型的客户关系建设的目的永远都在于保留和发展企业的客户。可以创造性地采纳各种措施，并且逐步建立自己的服务体系，企业还应当定期检讨、评估以及不断修正自己的服务体系，以推陈出新，真正实现互动的发展与改变。互动的客户关系的实施可以从真正意义上将一个企业改变成以客户为导向、以客户的利益为驱动力的社会组织，这样的企业必然在市场竞争中占尽先机。

第五节　社群粉丝吸纳方式

网络社群营销是一个口碑传播的过程，它是通过一些元素引起口碑，汇聚人群，口碑再扩散……

个人或群体透过群聚网友的网络服务，来与目标顾客群创造长期沟通管道的社会化过程。从早期类似大礼堂式群聚的方式（如 BBS、论坛），渐渐地趋近于个人化专属空间（如博客、新浪以及 Facebook）。越趋向个人化，网友彼此的联系形态也自然改变，从早期大家都是某个站的会员开始，一直到现在彼此可以拥有各自的交友空间，你可以是对方的朋友，甚至粉丝。

而个人或群体可以运用这样的网络服务，来与目标顾客群来往、沟通与认识彼此。在此所说的目标顾客群，是需要依你的营销目标而有所不同。

贩卖运动用品的企业所需要的目标顾客群可能是：男性且年龄介于 16 至 25 岁之间。如果最终其社群的结构偏向女性且以 35 岁以上为主，可以初步判定其社群构成失焦，是一个失败的社群营销规划。

在拥有目标顾客群之后，就能开始创造长期的沟通管道。**沟通绝对不是信息技术层次的问题，而是社会层次的问题。**

在真实世界中出来的状况，几乎在虚拟世界都有可能出现。不同的是，真实世界的言语的沟通，变成了虚拟世界的文字沟通。

每一个社群如同一个小世界，给予什么样的能量，就会幻化出什么样的情境。

不管哪类社群，为了能存续下去，其吸纳的人员规模必须超过某个值，否则社群容易枯萎。而必备的人员数目则与精神诉求的层次有关，英国月光社也可以算作社群，规模只有十几个人，但一样也产生巨大影响，这是因为精神诉求层次太高，所以才有这结果。但如果是生活聊天类的社群，至少需要 50 个极为适合的核心人员，才可能扎下生存的种子，这应该是个生存红线。

社群的人员吸纳方式主要有两类：一类是由线上到线下，一类则是由线下到线上。

社群大体可以分为：产品型社群、知识型社群、兴趣型社群、品牌型社群。产品型社群由线上到线下比较容易，兴趣型社群的纯线上模式已经被豆瓣、知乎、果壳等占领了。

要组建一个产品型社群需要确立以下几点：组建社群的目的、产品特点、社群价值、成员机制。

由线下到线上的模式也许在发展速度上会受限制，但这种模式的潜在价值却可能更大。这种模式更容易构造人与人之间的强关联，我们谈互联网谈的多了，似乎就忽略了生物的基本特性，在网络还没发达到黑客帝国那种程度时，人们大部分时间还是在现实空间里的。

要想社群成员有深层次的协作，大概需要下面几样东西：

（1）精神气质型的追求，即使命。

（2）支撑社群的一种产品，比如网站＋APP的组合。

（3）一种松散的组织结构来处理自身的事务。关键点是不要分离社群的运营与社群的管理。

（4）一种松散的做事方式，比如通过投票来解决争议等。

（5）如果是由公司发起的社群，社群本身又是自治的，那么还需要处理一个利益分割的问题。简单来讲，如果盈利公司按确定比例划拨经费给社群的管理机构，管理机构有权按自己的意愿来使用经费。

13

互联网时代的
品牌传播与塑造

过去，打造一个品牌需要持续多年的运作、曝光，需要投入数百万、千万甚至上亿的资金打广告、做宣传，以提升品牌知名度。

在小企业看来，品牌建设是有资金、有资源、有实力的大企业做的事情。对于小企业而言，往往首要考虑解决的是销量问题，是生存问题，品牌建设则是需要资本积累到一定程度后才慢慢考虑要做的事情。

随着互联网技术的提升和发展，从桌面互联网到移动互联网，再到智能互联网，互联网彻底改变了人类的连接方式，使得人们的沟通和交流变得更加随时、随地、随意，不再受限于时空。

过去，品牌往往只能通过代理商、经销商以及终端门店，才能传递到消费者的手中。而互联网时代的今天，一切都变了，品牌可以直接通过互联网这一媒介连接到消费者，品牌传递变得更加直接和快捷。**通过砸广告、铺渠道、做促销打市场的传统方式显然已经失灵。**

近些年，诞生了一系列的互联网品牌，如三只松鼠、江小白等，他们做销量的同时，也在不断加强品牌建设。互联网时代，任何公司都有了打造知名品牌的机会，而且所花费的资金可能连传统品牌建设方式的零头都不到。

未来，大品牌与小品牌将共同繁荣！

然而，无论时代如何变迁，品牌都是企业的核心竞争力，是产品核心价值的一种体现，是消费者选择产品时的重要考量因素，它解决的是与消费者沟通的问题。

互联网时代的产品，不缺用户、不缺流量，真正缺少的是信任，而品牌是建立信任的关键要素。

那么，在传统品牌打造方式失灵的情况下，企业该借助互联网思维来武装自己的大脑，同时，利用互联网营销新手段，不断创新品牌建设的方式，打造全新的自有品牌！

第一节　互联网时代，如何构建品牌

传统经济时代也好，互联网经济时代也罢，想要建设好的品牌，首先就要了解品牌究竟是什么。

打造具有生命力品牌的关键是什么呢？

"现代营销学之父"菲利普·科特勒（Philip Kotler）在他的《市场营销学》一书中，将品牌定义为："品牌是一种名称、术语、标记、符号或设计，或是它们的组合运用。其目的是借以辨认某个销售者或某群销售者的产品及服务，并使之与竞争对手的产品和服务区别开来。"

品牌是可以为产品或服务带来溢价、产生增值的一种无形资产，而溢价则源自消费者心智中形成的对品牌载体，即品牌名称、术语、标记、符号、设计或其组合的印象和感受。

品牌承载的更多是消费者对其产品及服务的肯定和认可，**好的品牌就是要与消费者产生共鸣，并时刻与消费者同在。**

互联网时代，信息变得更加透明，消费者在选择品牌时，比过去拥有更多的自主选择权。消费环境变了，消费行为变了，市场需求变了，信息传播和获取的方式也变了。所以，互联网时代，**要打造有生命力的品牌，关键是需要与消费者不断地沟通，不断地打动、触发消费者的市场情绪。**

一、以用户为导向，打开品牌与消费者的正确沟通方式

市场快速迭代以及环境变幻莫测是互联网时代的特点，然而**无论任何**

时代和任何背景，时代变迁都是以"人"为主线。

如今互联网已深度融入吃、穿、住、行、信息获取等生活的方方面面，互联网成了人与万物的新连接方式。然而，在互联网时代，无论互联网如何"＋"，不变的核心仍然是满足用户需求。

因此，**互联时代的品牌塑造必然是以用户为核心，而作为互联网时代的品牌经营者则是需要感知与洞察互联网时代消费者的特点和需求。**

如今近 3 亿的"80 后""90 后"已经成为新一代的消费核心力量，更为年轻的"00 后"正逐渐成为消费者的主力。

互联网时代，新一代的消费力量正在深刻地重新定义品牌价值，正在不断地推动企业进行品牌重塑。那么，这个消费主力群体喜欢吃什么？喜欢玩什么？有什么样的特点？面对互联网的快速发展，我们该如何快速洞悉他们的消费心理、消费行为，从而挖掘他们潜在的消费需求？也就是说，对于企业而言，如何赢得"80 后""90 后"，甚至"00 后"的青睐和追捧是互联网时代进行品牌塑造绕不开的重要命题。

"80 后""90 后"虽然成长环境不尽相同，但作为年轻人，身上有着很多的共同特性。他们生在电脑前，长在网络中，大多数对互联网有着强烈的依赖。2017 年 1 月中国互联网络信息中心（CNNIC）发布的《2016年中国互联网络发展状况统计报告》显示，中国网民平均每周花费约 26.4个小时上网（见图 13－1）。对于这个群体来说，网络不仅是一个工具，更是成为一种生活方式。

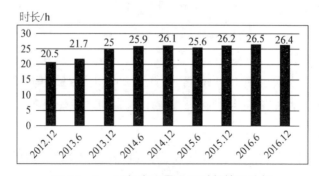

图 13－1　近年来网民上网时长情况分析

"80 后""90 后"年轻群体爱晒朋友圈，追求个性化体验、互动分享，他们追求时尚、追求品质，希望通过品牌的选择来凸显个人与众不同的品位；他们更愿意网上购物，喜欢朋友或熟人的推荐；他们随性、爱玩、很宅。

面对极度推崇个性与自我的"80 后""90 后"年轻消费群体，品牌需要找到与年轻群体的沟通方式，以争取更多年轻消费人群的喜爱和忠诚。同时企业还要能够与时俱进地不断重塑品牌，防止品牌老化，让品牌保持年轻态，从而能够在激烈的竞争中获得品牌价值增值，成为品牌常青树。

二、产品/服务创新是品牌持续运营的基础

互联网时代的今天，企业市场竞争被无限放大，原来许多产品只是在区域市场与同类产品竞争，而现在新产品一经问世就马上面临着全国甚至全世界产品的竞争，市场竞争之惨烈可见一斑。

然而，无论竞争如何变化，产品和服务仍然是一切营销的前提，企业一切的经营活动都是为了实现产品和服务的销售。所以，产品和服务是品牌持续运营的基础，更是企业生存和发展的根本。

在过去传统大众媒体时代，信息存在着严重的不对称，通常企业宣传什么就是什么，消费者只能是被动地接受。而且过去企业只需要通过报纸、杂志、电视、期刊等传统传播途径，就可以掌握和控制消费者的信息获取路径。这个时代，企业只需要通过一些新奇的概念包装和主流媒体的广告投放，就可以比较容易地成为家喻户晓的产品。

然而，互联网时代的到来，海量信息的快速获取，极大地提升了信息的透明度，所有的产品信息和企业信息，在互联网上都一览无余。更甚的是，通过电商平台能够很容易地横向比较不同的产品。

而产品本身就是与消费者沟通的媒介，互联网时代，消费者很容易通过各种途径，更加直接地面对产品。

互联网就像一面放大镜，不仅放大了产品的作用，同时也将产品的细节放大，通过微信、微博、知乎、今日头条等新媒体平台，产品信息可以更加自由地在用户之间流转，使得产品更加赤裸裸地呈现在消费者的面

前，任由消费者挑剔和评论。

互联网时代，**产品信息的源头和传播路径都不再受控于企业经营者。** 那么，这就更加要求企业将产品做到极致，同时还要不断地进行产品和服务创新，只有这样才能经得住市场的考验，收获更多粉丝和销售量。

此外，互联网时代用户的习惯是：简单、方便、快捷、实惠。那么，想要产品获得成功，并将其打造成为具有溢价能力的品牌，企业在经营产品时应该考虑满足以上用户习惯，同时，还需在目标用户分析的基础上，持续优化和创新产品。

三、重塑品牌与用户的关系

品牌与用户的关系，就像是谈恋爱，品牌如何定位就是交什么类型的男（女）朋友。 成功品牌运营的视角多有不同，但是他们大多数会着眼于发展品牌与用户的"终身关系"，而不是仅仅满足于与用户发生一些些"联系"。

那么，**如何让品牌与用户实现情感上的沟通，如何让品牌和用户产生情感共鸣是品牌经营的关键。**

品牌在互联网时代最大的转变就是更重视用户行为轨迹的变化。所以，要想和用户保持长久的"恋爱"甜蜜关系，首先，**要细致地洞察你的目标用户，要对目标用户的特征、习惯等进行更为深刻的剖析与挖掘，只有这样才能找到目标用户的喜好！**

其次，**互联网时代用户的习惯就是：简单、方便、快捷、实惠**，所以，你的产品应该在基于这个时代共有特性的基础上，洞察目标用户的个性化需求，并进行产品和品牌的持续优化，以满足用户的精准需求，从而能**让用户拿到产品的第一反应就想通过朋友圈、微博等社交工具分享给亲朋好友。**

最后，建立品牌和用户之间的信任关系。**互联网时代的企业比过去更容易洞察到用户想什么，知道用户需要什么。因此，企业要勇于通过产品这一媒介与用户进行情感上的沟通，并根据目标用户的特性，用他们喜欢**

的方式去连接用户，重新建立品牌和用户的信任关系。

四、体验与互动是品牌经营的关键

过去，企业大都是通过广告、营销等方式将品牌的核心价值和主张传递给消费者，在产品经济时代，市场主要是由供给方主导的，而传统的营销流程也只不过是纯粹的买卖关系。

互联网时代，满足需求的同类产品越来越多，随着消费透明度的增加，新技术的不断迭代，中国正在经历着前所未有的消费升级。在消费文化盛行的新时代，时下体验和互动成为加强品牌与消费者关系更为有效的方式。

体验互动式营销提供的是以人为中心的体验式消费，是站在消费者的感官、情感、思考、行动、关联五个不同的视角，重新定义、设计品牌经营的思考方式。

购买行为不是和消费者关系的起点，也不再是和消费者关系的终点，**为了高度黏合消费者，企业开始根据产品、服务、消费场景、价值传递的过程和行为，打造服务于消费者的有内容、有灵魂的全触点体验和互动。**

因此，**消费者在消费前、中、后的体验和互动，才是洞察消费者行为与品牌经营的关键。**

社会化营销新媒体，如 AR 互动、VR 互动、多屏互动、直播、微信、小游戏等个性化互动工具的出现，更是让品牌与用户的互动变得更加容易和频繁。有效的体验和互动往往可以直接带动销售，如果你的品牌不能保持与用户的良好有效互动，则很有可能被用户迅速遗忘。

因此，互联网时代的今天，越来越多的企业逐渐开始借助于个性化和多元化的互动体验来塑造品牌，以期通过品牌与用户的时刻互动，让品牌保持较高的曝光率和新鲜度。

有一家叫作"小猪猪"的餐厅，被誉为史上最萌烤肉餐厅。餐厅布置以卡通猪为主题，餐厅内外随处可见各种可爱造型的小猪装饰，餐厅电视屏幕里不停地播放着有关小猪的各种有趣视频，并伴有时尚动感的背景音乐。就餐期间，"小猪猪"还会带你一起玩打猪猪和萌主令的游戏，以赢取优惠券！轻松、愉快的用餐氛围和体验，极大地吸引了一批年轻群体，小猪猪餐厅一跃成为一间苦逼工作学习之余释放生活压力的绝佳场所。

作为一间以好友聚会为主的餐厅，"小猪猪"非常注重食客之间亲密的用餐体验。在小猪猪餐厅，餐位与餐位相互之间保持在15cm左右的最亲密无间的距离，也是考验你和朋友之间亲密程度的距离。

"小猪猪"超越了餐厅就餐的普遍意义，匠工般严谨的制作工艺、充满活力的服务，不仅让感官得到满足，而且还结合了情感的交流，比起传统的餐厅，这里融合了体验、互动、情感三要素，更多的是满足了消费者对情感的诉求。

其实，通过体验塑造品牌，并不是新的营销策略，而是一种普遍存在的市场规律。诸如服装试穿、食品饮料试吃、汽车试驾等，都是希望通过体验，让消费者先了解、感受产品，产生好的印象，从而为购买和品牌塑造创造条件。

过去，生产厂家通常希望将产品卖给顾客，拿到钱，而顾客最好不要再找自己。

然而，**互联网时代，生产厂家将产品传递到消费者手中后，体验之旅也只不过是刚刚开始。**如果这个品牌的产品在体验方面还不错，并且在消费者的心智中留下了比较深刻的印象，那么，顾客就有可能通过各种社交网络帮助品牌做分享、推广，从而形成口碑营销，并获得粉丝群体。

所以，互联网时代，企业不但要提供有保障的产品和服务，多元化的体验和互动也应该贯穿于品牌与用户沟通的整个链条。

第二节　互联网时代，如何传播品牌

产品贵在质量，品牌贵在传播。在"好酒也怕巷子深"的商业时代，唯有擅于品牌推广和宣传，**才能将品牌和企业的知名度和美誉度推出去，才能做大做强，从而立于不败之地。**

在传统媒体时代，品牌大都是依靠强势的媒介与消费者进行沟通，诸如电视、报纸、杂志、传统户外等传统媒介曾经一度被企业奉为产品销售和品牌传播的法宝。

随着移动互联网浪潮涌起，人们越来越多的时间被手机所占领了，每天醒来的第一时间看手机成了中国年轻群体的真实写照，开着车子，听着段子；窝在沙发里刷着微博、看着微信；躺在床上看视频、看直播；临睡之前，还不忘逛京东和淘宝。

文字、图片、音频、短视频、直播等新媒体越来越多，人们看电视、订报纸、买杂志的时间越来越少，移动互联网成为离人们最近、最便捷的信息获取工具，它极大地改变了人们的社交、休闲娱乐、购物等的方式，同时，也重塑了品牌与媒介、媒介与消费者、品牌与消费者、消费者与消费者的关系。

移动互联网打破了信息传播的边界，消费者可以随时随地地与品牌建立联系，甚至可以进行随时随地的实时互动。

互联网时代，传播媒介的格局发生了翻天覆地的变化，2014 年，互联网广告首次超过了电视广告成为第一大传播媒介，传统媒体市场份额正在不断地被其他媒体分流。

随着互联网和社会化媒体的发展，企业的目标消费群体已经被分散，不再集中。而产品却越来越多、越来越分化。这些变化给品牌传播带来了巨大挑战。

互联网时代，如何利用互联网将品牌和产品信息精准地传播给目标消费群体，如何让目标消费者接受、认可品牌成为企业进行品牌营销需要考虑的关键问题。

一、移动互联网改变了信息传播模式和路径

互联网时代的今天，移动互联不只是互联网公司才需要考虑的事情，而是所有的企业都应该思考的事情。当然，不是简单地做个 APP，或者是运营个公众号，企业就与移动互联网接轨了。

今天，**所有的企业都处在了移动互联网的时代，移动互联网正在改变着信息传播的方式和路径。**

（一）移动互联网打破了时空的界限，改变了信息传播模式

移动互联网时代，人们随时随地携带智能手机，可以随时随地使用，人与人之间没有了区域的限制，也没有了时间的限制，24 小时可以实时连接，人与人之间的时空距离被无限地拉近。

电视广告时代，用户通过电视获取信息的时间点非常集中，黄金时间、垃圾时间、普通时间等时间段的划分，成为广告投放时间选择的重要依据，这无疑促使各大企业每年都会砸下重金争夺央视标王。

但是在移动互联网时代，根据有关调查显示，中国网民平均每天上网时长超过 3.7 小时，平均每天查看手机的次数超过 160 次，这说明**人们接触信息的时间不再固定在某个地点、某个时间段，人们的时间、空间和信息的获取均趋向于碎片化，**而移动互联网碎片化时代则需要新的品牌传播模式。

（二）移动互联网去中心化，人人都是自媒体

移动互联网技术的进步和开发，使得连接无处不在。在信息传播的领域里，人人都是自媒体，人人都可以在互联网上发表自己的观点，每一个网民都可以成为一个独立的内容生产者和传播源，从而使传播更加扁平化，内容生产更加多元化，而信息也更加透明化，用户可以更加容易、更

加直接地获得信息。

移动互联网成为一个革命性的工具，它的时空更自由，传播更直接，信息更透明，而用户的选择权利也变得更大。

移动互联网时代，尽管品牌传播的模式和路径发生了巨大变化，但是洞察、满足消费者的精准需求，并提高消费者价值体验的品牌营销本质是永远不变的。

在社会化媒体快速发展、消费者行为发生极大变化的时代，品牌传播该如何变化呢？

二、移动互联网时代品牌传播策略

（一）精准定位，实现品牌精准传播

互联网时代，面对新生代消费群体，企业需要对用户进行精准的分析，并深度剖析消费群体的行为趋势，且生动地呈现其个性、兴趣以及接触品牌的各种场景，从而更好地与品牌定位和核心价值进行匹配，实现品牌的精准传播。

（二）改变品牌传播模式，转化传播主体和受众

传统的品牌传播模式里，传播主体主要是企业，而受众则是定义相对模糊的潜在消费者，消费者大都是被动地接受信息。

而互联网时代，目标客户不仅是受众，还是传播主体，用户不再被动接受信息，开始主动参与传播信息，他们能把对品牌的体验和评价通过口碑传递给其他潜在的用户，从而使得用户对品牌的反馈大大增强。

（三）将品牌传播内容精确传递给目标消费人群

为了将品牌传播内容精确地传递给目标消费人群，品牌运营者必须深度剖析目标消费人群活动的时间、地点、消费习惯、消费心理、消费场景等内容，从而在传播内容制作、传播渠道选择、传播频率等方面制定有效

的品牌传播路径。

（四）有效的互动沟通

让用户和品牌互动沟通、发生情感上的联系，是加强用户和品牌黏性的有效手段。社群营销就是一种超强的情感传播，而且具有很强的口碑传播效应。

品牌传播有效互动沟通包含两个方面的内容，一是通过品牌传播触动消费需求的痛点，让消费者产生购买欲望，成功购买的目标用户与品牌经营者或者品牌之间的有效互动；二是粉丝群体内部之间的有效互动，通过粉丝群体间的互动沟通，能够形成更为精准、有效的口碑传播效应，有助于品牌传播发生几何级的增长效应。

第三节　内容为王

随着信息技术和新媒体发展，消费者开始逐渐拥有获取信息的自由选择权，不再被媒介绑架。通过有趣的内容和故事引发消费者的兴趣和关注，占领消费者的心智，对品牌传播、产品销售起到了巨大的推动作用，品牌营销进入了以综艺、电影、电视、微信、微博等为主要载体的内容营销阶段，内容营销成为一种新的营销思维方式。

内容营销的目的就是通过优质的内容实现品牌与用户的沟通，并期望通过影响用户与用户之间的关系，让品牌与目标群体发生连接，并形成有归属感的品牌社区。

内容营销有三种不同的境界：

第一境界：以优质内容激发用户兴趣，引起关注，并主动分享，助力品牌传播；

第二境界：以优质内容聚集相同爱好的人群，形成粉丝群体，并构建品牌社区；

第三境界：将优质内容融入人们生活，并构建一种生活方式。

那么，如何通过优质内容吸引用户的目光，如何通过优质内容提升用户对品牌的好感和黏性呢？

一、打造品牌人格化

同质化竞争非常严重的今天，单从外表来看，很难分清是哪家品牌的。随着移动互联网的发展，以互动为主的社交圈子无处不在，而**一个人格化，有个性、有态度的品牌往往能够唤起用户的情绪，并拉近品牌与用户的距离。**品牌以人格化的方式创造内容，更能撩拨用户，有效提高用户与品牌的互动程度。

二、引导用户生产优质内容

新媒体时代，每一个用户都是自媒体，每一个用户都是内容生产者，且**用户的原生口碑内容更有亲切感和认可度，往往可以激发人们内心的情绪**，并最终达到品牌认可的目的。

过去几千年，中国酒品牌的塑造主要集中在历史、品质上，每一瓶酒都在不断地强调厚重的历史文化、古法酿造。

相对于众多酒企的传统和固守，来自重庆的纯高粱新生代品牌江小白，**凭借着对年轻消费群体情绪的深度挖掘，用直达内心的文案，吸引了一大批年轻消费群体**，为中国酒类品牌注入了新的生命和活力。

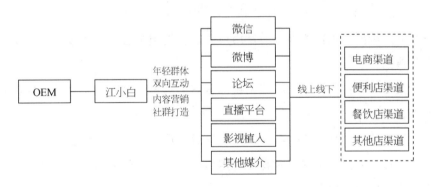

图 13-2   江小白营销模式

那么问题来了，江小白那些直戳内心深处的文案到底是谁干的呢？

有人说是江小白内部的大神级文案团队，有人说是网络上搜集摘录，还有人说是老板自己干的。

随着江小白表达瓶的出现，江小白文案谜团终于被揭开。原来，消费者可以通过扫描江小白瓶身二维码，输入自己想表达的内容和照片，然后自动生成一个专属于他的酒瓶。一旦他的内容被选中，就可以作为江小白的正式产品批量生产并上市。

江小白通过引导用户生产内容的全新品牌营销方式，打通了品牌和消费者沟通的桥梁，化解了白酒行业与消费者之间的隔离感，并深深地嵌入消费者的心智。

三、借助热点创造有趣好玩的内容

热点事件通常自带流量和热度，热潮风浪中，通过创作有趣又好玩的内容以博取最大化的关注和曝光，并借此传递品牌价值是借势营销的根本目的所在。

最有代表性的就是营销界的老司机杜蕾斯，提起杜蕾斯，除了其产品本身之外，最有趣的当属它的热点营销。杜蕾斯总能根据不同社交媒体的属性、受众和互动方式，有的放矢地利用各种时事热点撩骚到用户的神经触发器，给用户带来惊喜。惹得一众大佬品牌纷纷跟风，但大都也只能感叹"一直被模仿，从未被超越"。

究其成功的原因，终是杜蕾斯对自身品牌核心价值的渗透，总是能够巧妙地利用热点，污得有趣、污得有料、污得有品。一张张传神的图形海报，再搭上有趣好玩的文案内容，品牌形象不深入人心都很难。

四、故事助力品牌

人都是感性动物，对于一个品牌来说，通过一个好的品牌故事，把握用户情绪，占领用户心理高地，常常可以有效地直击用户内心，引发情感共鸣，从而将品牌与用户进行有效连接。

五、用段子形式创作内容

当下，人们的生活压力越来越大，长期处于高压状态下的人们更倾向于接受诙谐有趣、娱乐性强的内容，品牌可以通过传递搞笑、新奇、话题性强的内容来增加曝光度，以达到品牌营销的目的。

被网友称为"年轻人的两会"的网络综艺《奇葩大会》和《吐槽大

会》，在段子营销上犹如一朵奇葩，越走越远。

　　一直以来，在综艺节目中植入并无太大差异的小米手机，携手《奇葩大会》，以轻松诙谐的方式表现了产品的特性。那些让广告内容变得极具"笑果"的段子内容，不仅没有影响节目的整体效果，反而成为节目内容中必不可少的一部分。

　　而"黑灯瞎火，拍照靠我"的黑科技手机小米5s的品牌slogan，将小米品牌的"酷""新锐"演绎得淋漓尽致，同时也异常贴合节目的调性，让人过目不忘。

　　一向以高大上形象出现的欧莱雅，在《奇葩大会》竟然以"脑子进水，不如脸上补水"的逗比又接地气的形象出现，真是让人难以置信这还是那个"你值得拥有"的欧莱雅吗？

第四节　塑造场景化

同样的产品在不同的消费场景中，消费者的决策会有很大的差别，从而影响产品的体验和销售转化。 针对消费者的心理状态或需求，通过预设消费场景，激发、推动消费者迅速做出购买决策成为互联网时代营销新手段。

塑造场景化，推动产品和服务的价值实现的关键是企业要准确地把握消费者的消费心理状态和动机，从而利用营造的场景对消费者进行刺激。

2016 年双十一期间，天猫跨界携手滴滴打车在上海和北京试水"移动超市"，打造新购物场景。

其间，滴滴在上海和北京分别投入了 1111 辆"天猫双 11 专快车"。通过滴滴 APP 打到"天猫双 11 专快车"的乘客，上车扫码即可免费领取价值百元的天猫超市大礼包。

与以往网购有所不同，乘客扫码购买，可以跳过物流环节，直接从汽车后备厢将货提走，而不需要等待快递配送，实现了即买即拿即用。

在双方合作的过程中，他们还敏锐地发现，早晚高峰打车的乘客大多饿着肚子，于是他们便提供以饼干、牛奶等零食为主的大礼包，因为这些商品与打车用户的需求高度匹配。

从滴滴与天猫的此次合作中不难发现，滴滴打车充当的"线下"零售载体与"线上"天猫实现了无缝对接，这种模式不仅满足了乘客的需求，还给乘客带来了一份惊喜，同时也提升了专车服务新体验，并开启了一种新的购物场景和消费模式。

第五节　品牌的最高境界

　　人生有三种境界值得追求，品牌建设亦有三种境界。第一境界，符号，即区别于其他产品，给予客户功能价值；第二境界：个性，即凸显品牌个性，同时给予客户功能价值和情感价值；第三境界（最高境界）：思想，即传播文化思想，塑造生活方式。

　　生活方式是人对所需的物质生活和精神生活的总和。自由随性也好，自律严谨也罢，每个人都有自己的生活梦想和追求，而品牌的最高境界就是为人们打造一种生活方式。

　　物资短缺的经济时代，消费者更多的是需要产品满足功能，中国改革开放的四十年，人们的基本生活需求已经得到满足，现在，开始追求更高品质的生活。随着新零售概念的提出，零售端的新生活方式品牌如雨后春笋，以盒马鲜生、喜茶、超级物种等为代表的新生活方式的品牌快速发展。

　　2017 年 5 月，天猫在上海举办了天猫理想生活趋势发布盛典，在盛典上公布品牌的 Slogan 由"上天猫就够了"升级为"理想生活上天猫"。而且通过大数据挖掘，天猫现场发布了"人设自由、乐活绿动、独乐自在、无微不智、玩物立志"未来五大理想生活趋势。并邀请了李健、夏雨等人分别作为五大关键词证言人，还发布了一个短视频，更详细地阐释了这五大关键词。

　　随后，在 2017 年天猫 6·18 理想生活狂欢节期间，约有 20 多个品牌在北京、吉隆坡等各大城市核心商圈，打造理想生活样板间。天猫，未来将在线上线下为用户打造全方位"理想生活"。

　　品牌的最高境界就是塑造生活方式，未来，品牌要卖的不只是产品本身，更是生活方式。而企业必须善于发现生活方式的变化趋势，并不断强化品牌文化内涵和生活内涵，让用户信奉品牌所传递的生活态度，从而让同质化日益严重的产品产生溢价，并赋予品牌持久的生命活力。

14

新零售——营销新优势

第一节　新零售时代的到来

零售业是一个历经数次变革的古老行业，它伴随着人类文明的发展而发展。零售业最初是以物换物的形式出现的，是一种服务半径非常小的熟人服务。在零售的发展历史上，零售业经历了百货商店、连锁店、超级市场三次变革，当下正在发生着以"零售基础设施"变革为标志的第四次零售革命。

进入21世纪以来，国家统计局数据显示，我国社会消费品零售总额保持10.1％的增速在快速增长，2008年增速达到峰值22.7％，2008年以后，增速呈现下降趋势。近年来的社会消费品零售情况见图14－1。

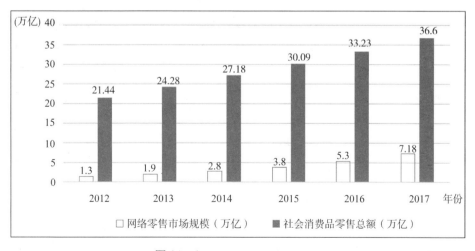

图 14－1

随着互联网的迅速发展，互联网思维驱动下的新技术、新模式不断涌现，极大地改变了人类的生活方式及消费习惯，许多零售商迎来了重大的发展机遇。而以电商为代表的互联网经济，给百货、商超、卖场等不同业态的传统零售实体带来了前所未有的冲击。

2015 年开始，实体零售商销售额出现大幅下滑，一时间国内外大批的线下传统零售商进入了势不可当的"关店潮"，尤其是百货和鞋类商品。

继美国零售巨头西尔斯百货和梅西百货等知名连锁百货相继宣布关闭一批店面之后，美国最大的区域百货连锁店——Bon－Ton Stores 在 2018 年伊始申请破产保护。

截止到 2017 年，美国已经关闭了 6985 家零售业门店。

然而，网络零售也并非神话，随着流量红利的消失，流量获得的成本越来越高，而网络零售的消费场景体验却差强人意，服务并不能充分满足消费者的需求，这些问题极大地限制了网络零售的发展，而电商平台和线上零售商也被迫寻求转型升级，越来越多的电商平台和线上零售企业开始考虑从线上向线下布局。

2016 年 10 月，阿里巴巴董事会主席马云在杭州云栖大会上的演讲中，第一次提出了"新零售"的概念。

"新零售"的提出引起了社会各界的广泛关注。2017 年可谓是"新零售元年"，这一年是阿里、腾讯在新零售领域攻城略地的开端，2018 年开年短短 3 个月的时间，两大巨头在新零售领域的投资就已经超过数百亿元。

此外，马云还提出了未来社会和经济发展的五大趋势，即新零售、新制造、新金融、新技术和新能源。马云表示这"五新"将对各行各业产生巨大的冲击和影响。

马云认为，纯电商的时代即将结束，未来的十年、二十年，将不存在电子商务，只有新零售。而只有线上线下和物流结合起来，才能诞生真正的新零售，也就是说，线上的企业必须走到线下去，线下的企业必须走到线上来，即新零售是一种线上线下结合现代物流的新商业模式。

因此，新零售绝不是零售实体转型做电商或者零售电商为顾客提供服务体验。

▶ 究竟什么是新零售呢？

1. 阿里巴巴解读新零售

2016 年，阿里巴巴集团 CEO 张勇第一次系统地对新零售进行了阐述，张勇认为："新零售是通过大数据和互联网重构'人、货、场'等商业要素而形成的一种商业业态。"

2017 年 4 月，在 IT 领袖峰会上，马云再次提到新零售，并对新零售做了较为详细的阐述。**马云认为新零售即是将线上服务、线下体验及智慧物流进行深度融合，并通过运用大数据、云计算、人工智能等创新技术，对商品生产、流通与销售过程进行再造升级，进而重塑未来零售业态。**

表 14-1   阿里新零售布局

时间	布局	事件
2014.3	银泰商业	阿里以 53.7 亿美元对银泰进行战略投资
2015.8	苏宁易购	阿里以 283 亿元战略投资苏宁，成为苏宁第二大股东
2016.1	盒马鲜生	投资 1.5 亿元建立盒马鲜生，打造线上线下全渠道商业模式
2016.11	三江购物	21.5 亿元收购三江购物 32% 的股份
2017.1	银泰商业	阿里与沈国军联合以最大现金额 198 亿元收购银泰商业
2017.2	百联集团	与百联集团达成战略合作
2017.3	联华超市	收购联华超市 18% 的股权，成为联华第二大股东
2017.4	易果生鲜	阿里和天猫先后参与易果生鲜第四轮融资
2017.8	零售通	推出零售通线下项目——天猫小店
2017.9	新华都	入股新华都
2017.10	东方股份	阿里和银泰以 1.42 亿元认购东方股份

2. 雷军解读新零售

在 2017 年全国两会上，**小米创始人雷军说："新零售是通过线上线下互动融合的运营方式，将电商的经营和优势发挥到实体零售中，改善购物体验，提升流通效率，将质高价优、货真价实的产品传递到消费者手里，**

以此实现消费升级的创新零售模式。"

雷军认为尽管网络零售相对于传统零售极大提升了零售的效率，但是效率提升的同时，却损失了商品信息的体验性以及商品即刻获得性。

因此，雷军表示，**新零售就是要用线下零售的"体验性"和"即得性"的优势，来提升线上零售的服务和满意度，同时运用互联网工具，为线下零售插上"效率"的翅膀。**

3. 马化腾解读新零售

2017 年年末到 2018 年年初，国内最大的社交平台腾讯持续不断加码布局新零售。

2017 年年末，腾讯先对美团、永辉超市、超级物种、家乐福、海澜之家、万达商业等实体进行了投资或者战略合作。

马化腾认为，传统线下体验是无法简单地被线上替代的，电商与线下零售并不是对立的，用户的体验是需要线上线下整合的，而线上电商和传统零售需要彼此融合。

马化腾表示，未来企业必须利用数字技术、互联网、移动支付等创新技术助力线下传统零售，抓住机遇，将人、货、场等全部打通。否则，企业可能会失去竞争力。

4. 商务部解读新零售

2017 年 9 月，商务部发布了《走进零售新时代——深度解读新零售》。

商务部认为，在整个商业生态中，零售商作为润滑剂和黏合剂，一方面润滑了供应商与零售商的关系，另一方面紧密地黏合了零售商与消费者的关系。伴随着技术升级和需求升级，零售行业对商业活动中的商业关系、利益关系以及组织方式、经营形态等提出了变革升级的需求。

商务部认为"新零售是以消费者为核心，以提升效率、降低成本为目的，以技术创新为驱动，要素全面革新进化的商品交易方式。"

在新零售业态下，零售商变成了赋能者，厂商关系则由传统零售中的对立关系变为新零售下的深度合作、互利共赢的和谐关系。

5. 京东解读新零售

在刘强东看来，零售无所谓新与旧。

在马云提出新零售概念后，2017 年 7 月，刘强东在《财经》杂志上发表的文章中提出"无界零售"。他认为零售的本质从来都是成本、效率及体验，而未来零售行业变革的就是零售的实现成本、效率及体验的方式，或说零售的基础设施。

刘强东认为，零售行业的变革，是建立在互联网基础上，随时随地满足消费者的随心需求，即理解（懂消费者）、连接（随时随地）和实现（所见即所得）。

在过去的一年里，京东背靠京东智慧供应链，积极布局线下店，并利用大数据为门店提供备货推荐，完成自动补货和退货，从而降低成本、提高效率，实现"零库存"。

2017 年 8 月，京东公布了京东之家和京东专卖店的规划，并称五年内将开一百万家京东便利店，且一半以上将开在农村。

第二节　新零售的核心是什么

一、由产品思维向用户思维转变，加强用户体验

在电商出现之前，实体零售曾是唯一能够购买到产品的地方。随着互联网的发展，电商的涌现，消费者购买产品的途径、形式等变得越来越多样化。线上购买商品所花费的时间成本和经济成本相对线下更低，因此，受电商的冲击，实体零售的发展受到了极大限制，但是**电商市场看似猛烈，目前似乎也开始变得饱和，线上渠道优势正逐渐减弱。**

而因实体零售店有着电商无法跨越的绝对优势——体验，所以实体店终不可能走向灭亡。

从用户角度来讲，人类的立体体验是由视觉、听觉、触觉、嗅觉、味觉及情感等综合呈现的，目前线上能交互呈现的无非是视觉、听觉而已。因此，消费者综合体验的重要场景只能是线下。

所以，**对于那些可以形成丰富体验的商品而言，线下无疑是非常重要的体验渠道。**

因此，只有基于更好的用户体验，才有可能实现品牌的美誉度和忠诚度。这就是迪卡侬、宜家等这样的线下品牌，在互联网的冲击下，每年的销售额却只增不减的原因。

所以，**越来越多的电商品牌纷纷开始布局线下渠道，以融合线上线下的优势，实现更好的用户体验。**

二、全渠道营销

电商的发展从最初专注于流量的获取，到集中打造爆品，再到重视品牌的塑造以及内容的输出，在整个发展的过程中，用户的关注焦点也不断

发生着变化。电商发展之初，用户最关注的是商品的价格，如今用户开始越来越关注产品的理念及品牌等。

而与线上品牌相比，实体零售经历较长时间的品牌积累，但是受物理位置的限制，线下渠道只能服务和营销周边商圈的用户。

而新零售的出现，打破了线上、线下相互割裂的困局，拓宽了原有的营销渠道。一方面，新零售可以助力线上品牌开拓线下渠道，让更多的用户可以接触到产品，并提高用户对线上品牌的体验；另一方面，也将助力线下进行市场推广和终端营销，从而打通线上线下资源，实现全渠道融合。

在互联网时代，网络零售和线下实体零售之间的距离逐渐缩短，全渠道零售将成为零售领域的主流趋势。

全渠道营销的构建需要具备以下三大要素。

（1）树立全渠道营销思维

①站在全渠道的基础上进行渠道选择。

在制定营销策略时，一方面，**要着眼于线上、线下的所有渠道类型，使线上线下充当完成目标的不同角色，起到不同作用。**

另一方面，**必须想到多种渠道形式的交叉和融合。**

全渠道营销并不是指每家企业，或者每类产品都采取全部渠道，而是要根据企业、市场、竞争和产品情况选出适合的部分渠道类型进行组合或者整合。

②在全渠道的基础上改变营销思维。

要以消费者为中心，包括企业全部的生产、销售活动，并与全渠道顾客行为相对应：顾客全渠道搜集信息—企业全渠道提供信息，顾客全渠道下订单—企业全渠道接受订单，顾客全渠道付款—企业全渠道收款，顾客全渠道消费—企业全渠道引导，顾客全渠道评论—企业全渠道倾听等。同时要考虑企业的行业特性、媒体调性和消费群体。

（2）策划以消费者为中心的全渠道营销模式

渠道选完后，就要考虑投放内容，**关键点是如何增加消费者体验并更好地服务于消费者。**

通过对展示、沟通、交易、服务、物流等不同业务环节的综合规划和布局，充分考虑消费者在不同的渠道中获取消费类型、购买商品、实现交易等的需求和痛点，**在不同的渠道中有针对性地提供内容、创造便利，从而使消费者获得高价值的购物体验。**

实现数据统一、库存统一、内容统一、价格统一、服务统一，既让每个人在不同的渠道看到的内容一致，又为消费者提供一体化全流程的品牌消费体验。切忌从自身出发去改变消费者的习惯。

（3）构建高度体验感的营销环境

体验是一种感受，从一个人的心理需求来讲是客观存在的，每个人有这样的心理需要是必然的。

是通过看、听、用、参与的手段，充分刺激和调动消费者的感官、情感、思考、行动、联想等感性因素和理性因素，在消费者购买前、中、后为消费者提供一些真实或虚拟的环节融入整体营销环境，重新定义、设计的一种思考方式的营销方法。

以 2014 年为分界线，购物体验也会被重新定义，体验不再是单一的购买便利性、界面亲民、态度良好的方式，而是涵盖品质、价格、个性化、物流、服务等全链条、全环节。

在互联网经济时代，就要用互联网营销思维去考虑"用户体验至上"这一问题，打造贯穿各渠道、各终端、各类媒体，以及用户体验的各环节，整体化考虑消费者的体验感受。

三、供应链

尽管行业在迅速发展，但零售的本质始终没有改变。零售的本质就是如何以最高效的方式将产品送到客户手中，并通过服务让客户得到更好的体验。无论时代如何发展，零售都关乎用户、产品和门店，即"人、货、场"。而新零售时代，只不过是需要对零售本质中所涉及的各要素进行重构和整合，从而实现商业经营效率的提升。

零售业的核心竞争力就在于供应链的管理，新零售时代，供应链仍然是协同研发、设计、生产、仓储、物流、渠道等各环节，从而将消费者需要的产品在最短的时间内送到用户手中，并在保证服务质量的同时，使整个系统成本最小化。

许多顶级企业的供应链做得都特别好，比如快时尚品牌 ZARA，ZARA 定位于："买得起的快速时装"。

为了实现这一战略，ZARA 采取"快速、少量、多款"的模式，以实现快速设计、快速生产、快速销售、快速更新的市场目标。

为了保障完成市场目标，ZARA 还构建了独特供应链体系和管理流程。ZARA 的供应链体系主要由四个关键环节构成：产品开发、生产制造、物流配送以及专卖店销售。在其供应链体系中，"快速"贯彻始终：每年提供 1.2 万种不同款式供消费者选择；从研发设计到成品上架只需要十多天；所有专卖店的商品每周更新 2 次。

ZARA 还拥有一个 ERP 决策管理系统，以实现对产、供、销各个环节的有效管理与控制，此外还有一套完整的电子商务系统及物流配送系统。

新零售时代，我们必须明白供应链才是企业竞争的核心，谁在供应链上有优势，谁就可以在竞争中占得先机。

而供应链的核心在于：①企业可以以最小的成本，将准确数量的正确产品送到客户的手中；②在能够提供优质服务的前提下，让存货降到最低；③缩短产品周转周期，以应对快速变化的市场环境。

第三节　新零售发展趋势

随着一波传统零售的业绩下滑，另一波线上零售业的导流成本高昂，整体零售业环境都处在"消费者多变、利润下滑"的现状当中。

新零售的出现正是为了解决并应对零售业目前的尴尬境地，同时为促进零售行业的良性成长。

国家层面也在积极引导零售业线上和线下的均衡发展，给零售业带来前所未有的政策良机。《国务院办公厅关于推进线上线下互动加快商贸流通创新发展转型升级的意见》指出，大力发展线上线下互动，对推动实体店转型，促进商业模式创新，增强经济发展新动力，服务大众创业、万众创新具有重要意义。

那么，在大环境的助推和政策的支持下，未来零售业的发展趋势是怎样的呢？我们应该把握哪些关键点以应对趋势的来临呢？总结为以下几点。

1. 线上线下融合，全渠道趋势明显

阿里巴巴和苏宁的联合，使其一个从线上走向线下，一个从线下走向线上；京东与永辉、沃尔玛的联合，也看到线上电商的线下布局，线下大型连锁向线上进军的局势。

越来越多的电商和实体零售企业打通线上线下渠道，实现全渠道经营。线上与线下的融合，即通过与智能互联网深度结合，推动线上交流互动、引流聚客、精准营销等优势与线下真实体验、细致服务、物流配送等优势相融合，真正实现跨界发展，去中心化，去边界化，推动整个零售行业变革。

在新零售时代，营销手段也从单一传统营销渠道向线上营销过渡，再逐渐演变成全渠道营销。依托大数据分析可以对消费者进行全方位的分析，描绘消费者画像，从而对其开展个性化精准营销。根据产品定位方向，选择符合产品形象的媒体营销渠道，进行有针对性的营销推广。这不

仅仅是商业的选择，更多是全方位环境变化所致的结果，是消费者消费趋势的影响。

线上线下的融合不仅是渠道的融合，更是一种开放的合作形式的改变，更多的企业走上全面开放、合作的道路，这也是一种思维的改变，改变以往传统的经营思维。

遵循零售本质，打破零售模式，建立更加开放、分享、联合、整合的新零售模式是大势所趋。

2. 技术创新助推新零售持续发展

互联网的发展被称为第三次工业革命，开创了信息时代，使全球信息和资源交流变得更为迅速。

互联网的应用改变了人们生活的方方面面，增加了生活的便利和工作的效率，也影响了消费者的消费需求和导向，技术的发展，也推动着社会的进步。

在零售行业，技术是新零售发展的核心驱动力。通过深入实施"互联网＋流通"行动计划，可以发展基于移动互联网、云计算、大数据等新一代信息技术的线上线下互动新型经济形态，推动实体商业转型升级，拓展消费新领域，改变行业业态，增加消费可能。

另外，从体力到脑力，科技是人类解放的最大动力，消费升级同样离不开科技的创新重塑，不管是科技应用还是创新思维的突破，都可能产生改变和颠覆消费本身的力量。

为此，科技作为第一生产力也将作为消费的核心驱动力，从而助推新零售的发展。

3. 消费需求升级，由满足需求到创造价值

自改革开放以来，我国居民消费结构大致发生了三次变革。

第一次是改革开放后，市场基本处于"供给决定型"，你给啥我就买啥。

第二次是20世纪90年代前期，人们的收入有所提高，中等收入群体产生和崛起，对电视机、电冰箱、洗衣机"新三大件"的追求成为时尚。

第三次是进入21世纪，迅速增长的中等收入群体的消费倾向是购买高端、新型商品，从而推动消费结构第三次升级。以汽车、住房、保险、教育、旅游等为主导的享乐、发展型消费潮流逐步形成。

近五年以来的数据显示，居民可支配收入持续增长，消费欲望增强。相比于发达国家，我国消费者的消费信心高涨，消费升级势头明显，正在从大众消费品向小众、个性类消费品转移，能够凸显品位的产品逐渐受到消费者欢迎；消费结构出现转移，其中服务业占支出比重持续增加，居民消费正在从产品消费向服务消费快速转移，相比于美国80％的服务业GDP占比，我们的服务业占比仍然有巨大的上升空间。

而在这里，我们把这一阶段称为，在第三次消费结构转变的基础上，消费趋势发生改变。

我们从马斯洛需求理论（见图14-2）里可以找到改变的根源。第一次消费结构升级，是满足人们衣、食、住的需要，是人们生理和安全上需求的满足。第二次消费结构升级，从耐用品到高档甚至奢侈品转变，并将奢侈品的稀缺感、尊贵感，转化成认同感、高性能、情感链接等，是人们的社会需求和尊重需求满足的需要。而在第三阶段，以享乐、发展型消费为主要趋势，是人们对自我价值实现的需求，因此从原来的单纯产品销售到现在的为客户创造价值成为未来的发展趋势。

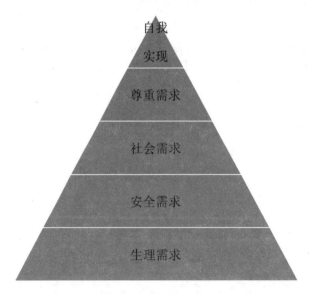

图14-2

4. 消费呈现小众化、个性化、社交化的需求

据预计，中国中产阶级的人数在未来 20 年将从 2.3 亿人增加到 6.3 亿人。这部分人群将成为未来主要的消费群体，未来 80% 以上的消费内容都将产生于"新生代中产阶层"扩大效应当中。

消费主流"新生代"均个性特征明显，喜欢个性化、主题化和场景化的消费形态，注重高品质和体验性强的产品，注重感受，追求时尚，品牌意识和品质认同感强，消费行为和习惯更加多元和分散，且购买决策和行为明显具有网络化特征。

主流消费人群的消费观及消费行为的转变，也让**小众、定制化、具有设计感的产品或服务更受欢迎。**

这是一个追求与众不同的时代，消费者不再是有什么买什么，而是经**历了物产丰富的时代后，购买产品强调差异化或特色化。**

每一个人都是独特的，每一个人都有与众不同的需求和欲望，满足、挖掘、创造个体化、小群体的需求，消费的品牌、内容和服务就要有其独特性。

为小众标新立异，为独有个性定制，将充满个体表达的设计感融入消费当中，未来亦为常态之一。

5. 购物体验化、场景化、智能化成为趋势

互联网的发展解决了信息不透明的问题，也伴随着移动互联网和电商的发展将信息不透明彻底打破，单一依靠商业信息不透明赚取差价的时代已经过去了，物流的快速发展也彻底解决了电商本身的问题。

消费者需求的不断升级使其逐渐意识到单一线上购物存在的购买体验度的弊端，电商企业开始不断寻找更多可拓展的可能性，线下零售实体作为体验的最佳场景，逐渐成了新零售时代的关键点。

"体验"是在生产、商品、服务之后发展的第四阶段。随着零售商主导的市场转型为消费者所决定的市场，企业要一切以消费者为中心，围绕消费者需求重构人、货、场，抓住消费者的注意力，并为产品找到新的生存价值与空间，倡导新的生活方式。

商业体验反映了人性与群体需求的多元化、多层次、多维度的演变分化。

《国务院办公厅关于推进线上线下互动 加快商贸流通创新发展转型升级的意见》中也提出，一方面，倡导电子商务增强店面场景化、立体化、智能化展示功能，开展全渠道营销。另一方面，鼓励实体店铺不断丰富消费体验，向智能化、多样化商业服务综合体转型。

6. 中国品牌正在崛起，平行平等的全球化消费正在形成

在产品匮乏的阶段，需要大规模生产产品，是一个需要效率和规模的阶段。商家只注重如何能生产出更多的产品，对于服务、品质和品牌打造的概念是模糊的。

随着产能过剩，消费者可支配能力提升，消费需求升级，对购买的产品要求更高，商家的竞争逐渐进入另一个阶段，一个对品质、品牌的追求阶段。

从企业参与市场竞争的角度来讲，从第一层价格竞争，第二层质量竞争，过渡到第三层品牌竞争。一方面，互联网无边界、不受限的发展特点，为产品增加了展示的平台和渠道；另一方面，电商的发展本身具有可造就品牌的能力，互联网全渠道营销让产品或品牌在全网的受众下进行高覆盖率、快速的传播，可在短时期内诞生出具有知名度的品牌。

在国力不断增强，国家大力支持，技术创新应用等多种因素的综合影响下，中国品牌不断屹立于世界之林。

第四节　新零售模式探索与案例分析

随着 2016 年马云"新零售"概念的提出，越来越多的企业开始探索新零售，试图能在新零售领域大展宏图。

▶ **案例一：优衣库新零售探索**

（一）开启"门店自提"模式，实现线上线下联动，加强用户体验

2016 年"双十一"，优衣库采取"线上线下同价""线上商品，门店取货"的零售策略。即消费者线上下单付款后，24 小时内会收到完成备货的通知，随后可到就近的门店自行取货，实现所见即所得。"双十一"当天，通过线上引流、线下提货的零售策略，优衣库一举夺得天猫服饰类冠军，可谓出尽风头，优衣库正式开启探索新零售。

2017 年"双十一"，优衣库进一步探索线上线下联动，宣布消费者从 11 月 10 日起即可提前至优衣库门店以"双十一"优惠价格购买到线上同款商品，并且 11 月 11 日—11 月 15 日期间还可以在优衣库线上网店、线下门店购买同步优惠的百款精选商品。策略一出，从 11 月 10 日开始，大批的消费者早早就赶到优衣库门店排队。

与此同时，优衣库 500 多家线下门店继续支持："线上下单，全国门店 24 小时内速提"服务。引得不少消费者纷纷线上秒杀，然后到线下门店试穿，再决定是否提货。这样一来，既让消费者享受到了和网店同样的优惠，还让喜欢逛街试衣的消费者同家人好友可以慢挑细选，如果颜色和尺寸不喜欢，还可以当场更换，裤腿过长，服务人员还可以为消费者免费修改。

优衣库在探索新零售的发展过程中，打通了线上线下，实现了线上线下联动，不断放大消费者边逛街、边拍照、边比较的消费场景，让消费者

在享受线上线下同步优惠的"双十一"狂欢和高品质产品的同时，还可以到门店体验更多有温度的、高效便捷的场景体验服务。通过线上线下服务的融合和服务细节的提升，赋予优衣库品牌更多的人文关怀和场景体验。2017年"双十一"，优衣库再次以新零售服务体验创新，为消费者带来了全渠道的优质服务和全新体验。

（二）变革供应链体系，提高运营效率，降低成本

过去，优衣库供应链管理一直采用SPA自有品牌专营店模式，将生产与销售直接连接，摒弃代理商、经销商等中间环节，对生产过程采取从最初的产品策划、面料研发、生产加工、物流直至销售，全过程100％控制。

随着新零售探索，优衣库开始考虑变革传统的供应链体系，探索根据顾客购买消费记录，开发能够预测其未来购买行为的系统。通过提前预测顾客需求，让策划、设计、生产、销售等流程同步推进。为了提高效率，降低成本，优衣库还实施精细化供应链管理，具体操作如下：

（1）采购端：定制研发，全球采购。

优衣库非常重视原材料的研发，认为原材料是企业不断发展的根基。

为了保证原材料的品质，优衣库每年定期举行材料和产品研发的会议，并通过汇总分析各国市场信息，以期实现对未来市场需求的准确预测。

除了重视原材料质量，优衣库也非常重视货源的稳定。为此，优衣库每年都要在全球范围内收购原材料，并跟供应商提前两三年的时间就签订协议，以期稳定货源，并节约运营成本。

（2）生产端：生产外包，提高效率，节约成本。

优衣库严格遵循"质优价廉"的经营理念，在产品策划时不仅考虑顾客的偏好，确保生产的产品能够适销对路，还会精准计算出每件商品的生产成本，以确保其产品在市场上具有较强的价格优势。

此外，优衣库的生产基本采取外包的方式，将主要生产基地建立在生产力成本较为低廉的国家。为了节约人工成本和物流成本，优衣库正在将其生产基地向亚洲各国扩展。

(3) 零售端：直营销售，降低库存。

优衣库目标人群的年龄为 10～30 岁，并在全球范围内采用直营连锁的方式销售，这种模式大大减少了从工厂到顾客手中的中间环节，从而优化了供应链各环节，大幅提高了商品进入市场的速度，且能够快速地获得产品及零售终端的反馈，有利于发现问题、解决问题。

此外，优衣库还严格明确各部门之间的责任和协作，并在不同销售国家都设有专业的库存管理部门，以实时监控本国的销售及库存状况。与此同时，各库存管理部门须及时向总部反馈销售情况，以加强总部对于各分部的综合管理。

▶ **案例二：宏图 Brookstone 新零售探索**

传统 3C 零售商，服务粗放、体验不足、价格不透明、品类老化等问题逐渐凸显。宏图三胞历经 PC 大卖场、PC 连锁、PC MALL 等经营发展，于 2014 年开始转型。

2014 年，三胞集团收购了美国 Brookstone，并将宏图 Brookstone 的目标人群定位在 85 后新生代群体，开始探索从传统 3C 零售商转型新奇特零售和服务平台。定位"新奇特"的宏图 Brookstone 南京首店开业当日即获得 900 万销售记录。

2016 年，宏图 Brookstone 开设店铺 11 家，遍及南京、苏州、上海等地，所到之处均引发业界广泛关注。

然而随着消费升级，终端用户不再简单追逐"新奇特"，他们开始寻找乐趣。 于是在 2017 年下半年，宏图 Brookstone 将发展方向重新定位为"新奇乐"，以期让大众从产品中获得更多的乐趣。

（一）升级智慧门店，提高用户体验

无论时代如何变迁，线下门店都是零售的一个重要载体，自从"新零售"概念提出后，越来越多的电商开始布局线下。而线下的门店也开始积极主动拥抱互联网，让门店更智慧。

2017 年 9 月，南京三胞广场开启宏图 Brookstone 智慧之门。消费者通过"新奇乐"APP，扫描商品二维码，可以随时获取商品详情、演示视频、优惠信息等，且用户查看的各类产品详情可以与亲朋好友进行实时分享，而体验满意后，用户可以完成线上购买、线下取货或者线下购买，线上支付等服务。

宏图 Brookstone 门店以"新奇乐"APP 为载体打通了产品供给、体验、销售等环节，为消费者提供了高效便捷服务，与此同时，通过用户数据分析，还可以为门店做决策参考。

（二）整合供应链，升级平台服务

2018 年 3 月，宏图 Brookstone 与品胜达成合作，双方将携手围绕供应链、服务生态展开全方位合作，为宏图 Brookstone 门店引进全新的产品，包括手机、平板、智能产品等，以此将带动更多优质的移动生活产品，丰富"新奇乐"产品品类。

此外，宏图 Brookstone 基于智能终端维修、内容服务运营、家庭服务、金融服务等板块，加速升级平台服务。

未来，各行各业都将发生重大变革，那么，无论是实体零售，还是网络电商都应该树立危机意识，所有的商业行为都必须是以为用户创造价值而展开。

参考文献

1. 石泽杰. 营销战略升级与模式创新——开创价值营销时代 [M]. 北京：中国经济出版社，2013.

2. 石泽杰. 商业模式创新设计路线图 [M]. 北京：中国经济出版社，2016.

3. 朱玉童. 中国品牌营销十三战法 [Z]. 北京：企业管理出版社，2015.

4. 石泽杰. 无边界竞争——企业如何应对失控的未来 [M]. 北京：中国经济出版社，2013.

5. 赵俊仙. "互联网＋"时代企业营销渠道的选择 [C]. 河南理工大学，2014.

6. Viktor Mayer－Schnberger. 大数据时代 [M]. 杭州：浙江人民出版社，2013.

7. Dimitri Maex. 大数据时代营销——定位客户 [M]. 北京：机械工业出版社，2012.

8. 阳翼. 大数据营销 [M]. 北京：中国人民大学出版社，2017.

9. 罗伯特·西奥迪尼. 影响力 [M]. 闾佳，译. 浙江：浙江人民出版社，2015.

10. 戴维·刘易斯. 心理学家的营销术 [M]. 张淼，译. 广东：广东人民出版社，2015.

后 记

经过多年的沉淀，终将自己的经验撰写成册，以飨读者。书中没有晦涩的语言，全部都是笔者为企业进行咨询和经营管理的经验总结以及感悟。

互联网营销本身没有放之四海而皆准的金科玉律，但凡能够对企业有益的举措，皆可应用。尤其是当今时代，互联网创新浪潮此起彼伏，后浪推前浪，创新无处不在、无时不有，在这样的快速发展环境中，企业稍有不慎就会被超越，甚至被淘汰。

因此，企业要不断学习，不断改进、变革以求生存。如果书中有一两点能够给您带来启发甚至得以应用，我将深感欣慰。

感谢我的父母及家人的支持，同样也感谢在工作和生活中给予我帮助的同事们和朋友们！

感谢您阅读此书，如有疏漏之处，欢迎指正；如果您在阅读此书过程中有所感想，欢迎来信来电交流。

石泽杰

2018 年 5 月 28 日